Secrets de trading
d'un moine bouddhiste

Éditions d'Organisation
Groupe Eyrolles
61, bd Saint-Germain
75240 Paris cedex 05

www.editions-organisation.com
www.editions-eyrolles.com

Directeur de collection : Thami Kabbaj

Dans la même collection :
Maîtriser l'analyse technique avec Thami Kabbaj, Thami KABBAJ, 2011.
Gérer vos émotions en Bourse avec Thami Kabbaj, Thami KABBAJ, 2011.
L'art du trading, Thami KABBAJ, 2008, 2010.
Économie et marchés financiers, perspectives 2010-2020,
Thierry BÉCHU, 2009.
Investir sans criser, ThamiI KABBAJ, 2009.
Trading et contrats futures, Bernard PRATS-DESCLAUX, 2008.
Les outils de la stratégie boursière, Alain SUEUR, 2007.
Peut-on battre le marché ?, Didier SAINT-GEORGES, 2007.
Psychologie des grands traders, Thami KABBAJ, 2007.
Chandeliers japonais, figures d'indécision et de continuation,
François BARON, 2004-2010.

Daniel Allemann

Secrets de trading d'un moine bouddhiste

Comment un trader ruiné a fait fortune en Bourse

EYROLLES

Éditions d'Organisation

À Muphy, pour son indéfectible soutien

Sommaire

Prologue

L'incroyable réalité

– Alors, vieux briscard, ça fait quel effet cette montagne de fric gagné sur les marchés ? De quoi te mettre à l'abri du besoin pour le reste de ta belle vie, non ?

C'est mon ami Bob Hunter, large sourire aux lèvres, qui m'apostrophait ainsi. Bob est un vrai copain. Sincère et fidèle. Je peux en dire autant des autres amis que j'avais réunis ce soir-là, chez moi, à Malibu, pour fêter mon titre de « meilleur trader indépendant de l'année ».

Comme je n'ai pas répondu à ses questions, Bob reprit :

– Tu deviens muet, John, quand on parle gros sous ?

Je lui répondis par un clin d'œil. Il comprit et n'insista plus. Dans notre monde, on est très discret. Même avec ses meilleurs amis.

Mais il y avait une autre raison pour laquelle je n'avais rien dit à Bob de mes impressions du moment : je ne voulais pas laisser parler mes émotions. Il est vrai que dans ce domaine je suis devenu imbattable.

On dit de moi que j'ai le sang froid et les pieds rivés sur terre. En tout cas, c'est ce qu'écrivait le *Wall Street Journal*, il y a quelques semaines, me consacrant un article qui est resté gravé dans ma mémoire : « John W. Starck [*c'est moi !*] élu meilleur trader indépendant de l'année. Donnez-lui 50 000 dollars et, peu de temps après, il vous en rendra 100 000. Le "Visionnaire des marchés", comme on le surnomme, vient de confirmer encore ses exceptionnels talents, en cumulant 6 millions de gains personnels cette année. Sa gestion fait fi de la crise. »

En réalité, ce n'est pas cet article qui m'a ému. Il m'a fait plaisir, c'est évident. Mais pas plus que cela. Ce qui m'a donné un vrai sentiment de jubilation intérieure, c'est de mesurer le chemin parcouru en si peu de temps. Une réussite que je n'aurais jamais osé imaginer. Jamais. Voilà pourquoi, par moments, je retrouvais ce sentiment d'émerveillement qu'éprouve un enfant devant son premier arbre de Noël.

Sinon que l'arbre de Noël de l'homme que j'étais devenu, c'était la maison californienne spacieuse, avec vue imprenable sur l'océan, où je venais d'emménager à Malibu. C'est là que je recevais mes amis ce soir-là.

À quoi je dois ajouter l'extraordinaire sentiment de liberté – et de confiance en soi – que procure le fait de *savoir* qu'on peut dépenser sans toujours devoir compter. Ce qui était maintenant mon cas. Mais cela ne l'a pas toujours été.

Je reviens de loin. De très loin. Il y a quatre ans maintenant, j'habitais encore New York et j'étais arrivé au terme d'une descente aux enfers financière qui m'avait laissé par terre, contraint d'hypothéquer mon appartement. Durant cette période sombre de ma vie, on aurait plutôt dû m'appeler « Super Loser ». La fatalité s'acharnait contre moi. L'héritage laissé par mon besogneux père – qui aurait assuré une vie plus que confortable à beaucoup de gens – a inexorablement fondu. Sur les marchés. J'étais un piteux trader qui se prenait pour un dieu. La vie m'a remis en place. Calciné financièrement. Fauché comme le blé. De positions calamiteuses en positions catastrophiques, les marchés ont fini par me « jeter ». Le bouquet final fut ce brutal et imprévisible retournement du Dax, l'indice vedette de la Bourse allemande. Il m'a été fatal.

Dans l'espoir de me « refaire », j'avais misé un gros paquet sur le Dax, avec un effet de levier[1] de cinq – ce qu'il ne faut jamais faire ! – Et j'ai tout perdu.

Cinq millions neuf cent vingt-huit mille dollars. Envolés. J'étais complètement « lessivé » ! Le moral en chute libre.

Voilà. C'était fait. Les marchés m'avaient arraché le cœur avec leurs dents. Mortel pour un homme né avec une petite cuiller en argent dans la bouche.

Mon père devait se retourner dans sa tombe. Lui qui m'avait mis sur une rampe de lancement pour réussir. Un véritable pont d'or, comme peu de gens en bénéficient au départ de leur existence.

---

1. L'effet de levier est une technique qui recourt à l'endettement pour augmenter la rentabilité des capitaux investis. Un effet de levier de cinq signifie qu'on peut miser 100 000 quand ont ne dispose que de 20 000.

C'était un travailleur infatigable. Un de ces obscurs qui finissent à force d'efforts et de détermination par se construire un petit empire. Papa Starck, fils d'émigrés hollandais installés dans le Bronx, avait commencé comme mitron dans une boulangerie dont le propriétaire était un émigré français qui répétait sans cesse « Avec une *green card*, de la volonté et une bonne idée, ici, tout est possible. »

Cent après *cent*, dollar après dollar, fourmi plus que laborieuse et pas cigale pour un sou, mon père s'était ainsi constitué un solide matelas d'économies. Tellement solide qu'il lui avait permis de racheter la boulangerie de son patron quand ce dernier avait pris sa retraite.

Beaucoup s'en seraient tenus là. Pas lui. Il s'était obstiné à poursuivre son ascension financière et sociale. Avec succès, en créant une boulangerie française sur Broadway où il vendait aussi un ensemble de produits diététiques scandinaves. Le Tout-New York branché se servait chez lui et, comme d'habitude, le tout-venant avait suivi.

Là, il avait eu une idée de génie. Il inventa un pain grillé en tranches auquel il avait donné le nom de pain-minceur. Un triomphe ! Si bien qu'il s'était lancé dans la boulangerie industrielle pour faire face à la demande qui s'était étendue à l'ensemble des *States* et au Canada.

C'est à cette époque qu'il avait acheté l'appartement sur Central Park qui deviendrait un jour le mien et qu'il s'était marié. Un an pus tard, il eut un fils : moi. J'aurais pu tomber plus mal.

Vingt ans plus tard, il possédait une chaîne de boulangeries et trois usines sur le territoire des États-Unis,

© Groupe Eyrolles

quand ma mère et lui se sont tués dans un stupide accident d'hélicoptère au cours de vacances aux Bahamas. Il avait si bien réussi qu'il me laissa 10 millions de dollars en héritage. Pour quelqu'un sorti du Bronx, c'était plutôt pas mal ! Et ces 10 millions de dollars, je venais de les dilapider. À cause de mon entêtement. De mon ego qui voulait briller comme une paire de Prada neuves. Après avoir pris le ciel sur la tête, le trading, pour moi, c'était fini. Suite à ma déroute financière, l'optimisme et la volonté, deux atouts que je m'attribuais à l'époque, s'étaient envolés. J'allais d'ailleurs découvrir peu de temps plus tard qu'il s'agissait en réalité, pour moi, de redoutables handicaps.

Aurais-je un jour la chance de me refaire ? Je n'y croyais pas. Et je pensais sans cesse à ce que me disait mon père : « Il n'est pas interdit d'avoir de la chance, mais il ne faut jamais l'attendre. Jamais ! »

Cette chance, je l'ai pourtant eue. Grâce à une coïncidence incroyable. Elle m'a permis de gagner une fortune colossale. Et cette fois-ci, en partant de rien.

Il était donc pour moi normal que je partage cette expérience. Car partager l'initiation qui m'a si brillamment réussi, n'est que justice.

Mais ne nous méprenons pas. Je n'ai aucun conseil à donner. Je laisse cela aux banquiers et autres « experts » qui en donnent souvent plus qu'il n'en faut. Sans doute pour détourner l'attention des intérêts qu'ils défendent, ou dissimuler leur ego.

Ce que j'ai à partager est beaucoup plus important. Et beaucoup plus sûr aussi. C'est le moyen de s'assurer des gains réguliers. Le moyen de parvenir à une véritable sécurité financière. À une véritable confiance en soi, face à un avenir de plus en plus incertain.

En réalité, vous allez sortir de cette expérience en devenant vous-même votre propre et votre meilleur conseiller. Pour gérer votre argent. Et vous enrichir, à tous points de vue !

Qui d'autre, en effet, plus que *vous-même*, s'est déjà préoccupé de votre situation financière et de votre avenir ?

Le moine faiseur d'or

« Il y a certainement des tas de choses
que l'argent ne peut acheter, mais c'est
amusant : avez-vous déjà essayé de les
acheter sans argent ? »
Ogden NASH

Infarctus financier

« Spéculer en Bourse, si t'es plein aux as, tu peux jouer. Tu peux prendre ça comme un super-casino. Mais trader, ce n'est pas un jeu. C'est du boulot. Du moins pour ceux qui veulent réussir ! »

À peine réveillé, cette phrase m'avait cogné dans la tête. Je l'avais entendue deux ans auparavant de la bouche d'un assistant de George Sorros, croisé lors du vernissage d'un jeune artiste hongrois.

Étrange, comme la vie vous envoie parfois des messages que vous ne comprenez que plus tard.

Ce matin, le ciel est gris et bas sur New York, où j'habite encore. Buvant mon deuxième café devant ma fenêtre qui donne sur Central Park, je regarde distraitement les premiers joggers déambuler. Je me suis levé tard, pour ne pas être influencé par l'action des cours à l'ouverture.

Je savais que la force des *apparences* est la cause première de notre incapacité à anticiper l'avenir. Car les apparences nous trompent et manipulent les réalités qui nous entourent.

Et comme un trader n'est pas une sorte de Mme Soleil des marchés, pas plus qu'il ne dispose de « tuyaux » increvables venus d'on ne sait où, il doit travailler. Travailler, pour tenter de trouver un ordre et une cohérence dans une réalité mouvante et imprévisible qui en semble complètement dépourvue. Travailler aussi pour éviter de se laisser trop influencer par le consensus[1]... et par lui-même.

Le pire ennemi du trader, ce n'est pas le marché. C'est lui-même !

J'ai mis mon nez devant les écrans à 10 h 45, peu après l'ouverture du marché des produits agricoles à Chicago. Dehors, le ciel s'était assombri. Il commençait à pleuvoir. Sans que je le sache, la mécanique impitoyable de ma débâcle financière était lancée.

J'ai tellement analysé les événements qui m'ont conduit à cette période noire de ma vie que je suis encore en mesure d'en reconstituer l'enchaînement au détail près.

---

1. L'avis du plus grand nombre des analystes !

Le mini-krach qui m'a ruiné avait commencé par une émission sur le réchauffement climatique diffusée sur CNN. Elle a provoqué une sorte de séisme en Amérique et, par ricochet, sur l'ensemble des prix des matières première agricoles. Les deux experts présents sur le plateau étaient tombés d'accord – chose exceptionnelle – pour pronostiquer une longue période de sécheresse aux États-Unis, en raison du réchauffement du climat justement. Dans le cadre déjà préoccupant d'une pénurie dans le tiers-monde, cela aurait notamment pour conséquence une importante réduction de la production des céréales en général, et du blé en particulier. On pouvait donc s'attendre à de vives tensions sur les prix. Un trader un tant soit peu sérieux ne pouvait pas laisser passer une telle occasion.

J'estimais en être un.

Après avoir touché mon héritage, je m'étais mis à mon compte. J'avais d'abord pas mal étudié les indicateurs techniques et les figures chartistes. J'avais suivi des formations très poussées. Et même deux séminaires avec Tom DeMark. Ce qui avait contribué à me donner de solides connaissances.

Je n'étais donc pas un novice. En tout cas, je ne me considérais pas comme tel. C'est donc en connaissance de cause que, le lendemain matin, j'achetai plusieurs dizaines de contrats *futures* sur le blé. Je me positionnai ainsi pour jouer une forte hausse. Le marché de Chicago commença par me donner raison : les cours du blé grimpèrent rapidement de 670 à 705 et conservèrent cette tendance pendant plusieurs jours.

J'en étais là quand j'ouvris mon ordinateur par cette matinée pluvieuse et sombre dans tous les sens du terme. Jusqu'à 17 heures, les cours du blé continuèrent à grimper pour atteindre 897 points. Pendant des mois, je me suis cruellement mordu les doigts de ne pas les avoir vendus à ce cours. J'aurais pu me vanter d'avoir fait un joli « coup » et sérieusement augmenté mes gains après plusieurs belles opérations. Mais il est toujours facile, avec le recul du temps, de refaire les batailles perdues pour les imaginer victorieuses.

C'est donc vers 17 heures que la courbe ascendante du cours parut se stabiliser, puis fluctua autour des 32 points de gains, 860 dollars le contrat. À 18 heures, l'amplitude des fluctuations s'amplifia. Manifestement, le marché hésitait pour une raison que j'ignorais totalement. C'est alors que me vint à l'esprit la question de la conduite que je devais adopter.

Il n'y avait pas trente-six solutions : sortir du marché, c'est-à-dire vendre. Ou maintenir ma position. J'avais beau connaître l'adage qui veut que la fidélité est une qualité en amitié et en amour, mais un défaut majeur en Bourse, je décidai de maintenir ma position.

Pourtant, j'aurais dû me souvenir d'une autre règle d'or que m'avait transmise un vieux renard du trading : *lorsque l'espoir et l'attente d'un trader ne sont pas satisfaits, il souffre émotionnellement. Cela active la face cachée de sa personnalité et, s'il insiste, ses réactions dans un tel contexte psychologique peuvent le pousser à l'autodestruction.*

Et c'était justement mon cas. Mon espérance n'était pas satisfaite, loin de là. Je comptais sur cette opération sur le blé pour asseoir à mes propres yeux mon statut de trader expérimenté. Mais j'étais loin d'y être parvenu. C'est par conséquent mon désir qui avait décidé à ma place. J'en étais conscient. Mais cela n'a en rien changé la suite des événements.

Toujours les yeux rivés sur mon écran, je déjeunai d'un hamburger arrosé d'un Coca. C'est alors que le téléphone a sonné. C'était Sam, mon broker :

– John, après le communiqué de la Maison Blanche, tu devrais vendre tes contrats sur le blé !

– Quel communiqué, je n'ai rien vu ? lui demandai-je.

– À midi, le porte-parole de la présidence a démenti formellement cette histoire de sécheresse, après que le président a consulté plusieurs experts de réputation internationale. En plus, il a ajouté que le gouvernement a constitué d'importantes réserves stratégiques de blé qui, quoi qu'il arrive, éviteront tout risque de pénurie pendant la période de « soudure » entre les deux récoltes à venir. C'est pourquoi il serait prudent de vendre tes contrats. Tu es très engagé. Tu devrais réduire ta position !

Pendant que John me parlait, je m'étais rendu sur le site Internet de la NBC. Le communiqué de la présidence y figurait en bonne place. Ce n'était pas une rumeur comme il en circule des quantités dans les milieux boursiers. John avait raison, il serait sage de vendre. C'est ce que je lui ai dit avant de raccrocher.

C'est ce que je lui ai dit, *mais sans lui donner l'ordre de vendre*. J'attendais de retrouver mon prix d'entrée, car j'en étais maintenant à 90 000 dollars de perte sur ma position. Je laissais mon envie de gagner masquer la réalité et l'emporter sur ma raison.

Les conséquences de cette erreur ne se firent pas attendre.

Vers 20 heures, le cours du blé commença par s'effriter, à moins 3 % par rapport à sa cote à l'ouverture. Ce qui, par un effet de comparaison, m'avait donné un moral de perdant. J'avais perdu en effet 80 000 dollars le soir précédent. Et j'en perdais presque le double maintenant.

Il était urgent que je prenne une décision. Mais je n'en ai prise aucune. J'ai laissé filer les cours, qui ont continué à piquer du nez de plus en plus dangereusement.

Aujourd'hui, je sais pourquoi j'ai été poussé à la faute ce jour-là. Un trader qui ne se soumet pas à une discipline stricte – ce qui était mon cas à l'époque – refuse souvent de prendre ses responsabilités et laisse ses pertes se creuser.

J'aurais dû tenir compte du fait que le mental joue un rôle essentiel dans la pratique du *trading*. Les pertes sont perçues de façon plus aiguë que les gains du même ordre.

Le trader « indiscipliné » laisse donc s'approfondir le trou. Il renforce sa position en se mettant sur le mode « espoir » quand il est en perte. Espérant que le marché ira dans son sens, il ne voit plus les réalités. Alors que lorsqu'il est en gains, il coupe prématurément ses positions.

Moi aussi, à l'époque, j'ai perdu de vue la réalité et j'ai essuyé un échec cuisant en me cramponnant à un scénario démenti par les faits, mais qui correspondait à mon désir de gagner.

J'avais fini par me persuader que le cours du blé avait dévissé dans la foulée du communiqué de la Maison Blanche. Certain que, passée cette réaction moutonnière fréquente, sinon systématique sur les marchés, les cours allaient repartir fortement à la hausse. Du moins c'est ce que j'imaginais.

Dans ces conditions, qui n'étaient que des spéculations de ma part, une conclusion s'imposait : je devais tenir ma position et, dans toute la mesure du possible, la renforcer encore. D'autant qu'entre-temps le cours était remonté et, à 20 h 30, je n'avais plus qu'une perte de 90 000 dollars au compteur.

C'était le moment d'acheter d'autres contrats. J'étais sûr de sortir de ce trade avec une très importante plus-value quand les cours du blé feraient leur rebond. Un rebond très proche, selon moi.

Je décrochai le téléphone et j'appelai Sam.

– J'espère que tu m'appelles pour vendre ! me répondit-il d'un ton impatient

– Non, pour acheter !

Il en eut le souffle coupé et il lui fallut quelques secondes pour me dire :

– Mais tu es complètement cinglé, John ! Le cours est sur un niveau dangereux. Si ça perce ce support, ils vont décrocher, voire même être réservés à la baisse[1]...

– Il va remonter ! J'ai un signal d'achat sur mes indicateurs 30, 60 et 120 minutes.

– Ben si tu le dis..., me répondit-il.

Le hic, c'est qu'en l'occurrence, avoir raison trop tôt équivaut à avoir tort.

---

1. Lorsque les cours baissent trop fortement, les cotations sont alors limitées à une baisse maximum pendant un certain temps.

J'ai quand même maintenu mon ordre d'achat. Sam était tellement sceptique, et je le comprends maintenant, qu'il a exigé que je lui envoie immédiatement un virement pour couvrir d'éventuels appels de marges, qui seraient conséquentes en cas de baisse.

Et je suis tombé dans un autre piège mental et psychologique.

Je voulais *me prouver* que j'avais raison et que les cours du blé allaient remonter. J'ai fait le virement. Comme un joueur de poker fait tapis, ça passe ou ça casse.

Ce n'est pas passé !

Le cours du blé a poursuivi sa chute libre. Irrésistible, effarante, vertigineuse. À la clôture, il avait atteint un niveau de baisse quotidienne jamais vu. Très au-dessous du support clé que j'avais identifié.

Mon désir de me prouver que j'avais raison m'a conduit à maintenir ma position envers et contre tout. Et mon *espoir*, complètement déconnecté de la réalité, m'a coûté cher. Près de 2 millions de dollars !

C'était une grosse perte sèche, c'est certain. Mais aussi importante fût-elle, ce n'était qu'une *perte que j'aurais dû vivre comme potentiellement passagère*, afin d'en tirer toutes les conséquences et les enseignements pratiques.

Oui, j'aurais dû. Au lieu de cela, j'y ai vu un échec personnel, erreur d'interprétation à ne jamais commettre. Car, dès lors, je n'ai plus raisonné et agi en trader, mais en être humain émotionnellement ébranlé. En animal blessé en quelque sorte, qui se laisse emporter par ses émotions.

Ce premier piège psychologique dans lequel j'étais tombé me précipita dans un second. Encore plus insidieux. Encore plus redoutable. Il allait cependant avoir le mérite de me faire prendre pleinement conscience, un peu plus tard, de l'importance de la psychologie dans le trading – comme dans la vie en général. Le savoir et le savoir-faire technique sont essentiels. Mais *l'état d'esprit émotionnel* dans lequel on investit l'est tout autant. Sinon davantage encore. Une réalité incontournable et fondamentale que j'avais sous-estimée jusqu'à présent, me croyant « immunisé » contre les impacts émotionnels des événements. Une réalité qui allait bientôt m'être révélée par l'homme le plus extraordinaire que j'ai rencontré. Mais je n'avais pas encore fait sa connaissance. Hélas pour moi !

Les deux millions que je venais de perdre faisaient partie de l'héritage de mon père. Lui qui n'avait cessé de gagner toujours plus d'argent durant toute son existence. Et moi, son fils, j'avais réussi à dilapider des années d'efforts en quelques jours. La comparaison m'était insupportable. Intolérable. Je me sentis un *devoir moral* de réparer au plus vite les conséquences financières de mon échec. Mais cette impérieuse obligation que je me fixais était un piège. Piège qui allait bientôt se refermer sur moi ! J'étais littéralement obsédé par cette seule idée : réaliser la méga-opération qui effacerait mes pertes. Mieux, qui me permettrait de faire en plus une importante plus-value. Sans doute pour me réconcilier avec moi-même.

En regardant les marchés des indices européens, le Dax[1] allemand m'est apparu comme mon futur sauveur. Pourquoi le Dax ? Parce que c'est l'indice boursier le plus dynamique d'Europe et qu'il est aussi le plus liquide. Une vraie Formule 1 pour un trader. De plus, étant une place très fréquentée par les professionnels, le Dax fait moins de « bruits[2] » que les autres indices européens ou le Nasdaq US, par exemple. Le Dow Jones ou le S&P n'étaient pas assez dynamiques, à mon sens. Le Dax constituait par conséquent une « cible » idéale.

Les signaux et le *news flow*[3] étaient tous au vert. Des prévisions de croissance en hausse venaient d'être publiées. J'avais donc toute raison d'escompter, me semblait-il, une forte hausse du Dax au cours des heures et des jours à venir. J'ai commencé par acheter cinquante contrats futures sur le Dax.

Effectivement, une tendance à la hausse fut observée dans les heures qui suivirent. Rien de spectaculaire, mais un mouvement assez régulier qui me parut confirmer mon pronostic. C'est pourquoi je rachetai bientôt cinquante contrats supplémentaires. Avec le dépôt de garantie, le *deposit*[4] et les *appels de marge*[5], j'avais désormais atteint une exposition marché assez

---

1. Indice de référence des plus grosses sociétés allemandes, équivalent du CAC en France ou du Dow Jones aux États-Unis.
2. Les « bruits » désignent les mouvements erratiques des cours liés à des manques de volumes d'investissements.
3. Les nouvelles économiques telles que la confiance des consommateurs, les taux de chômage, les commentaires de la Fed, la baisse ou la hausse des taux, etc.
4. Somme de 13 000 euros bloquée pour chaque contrat DAX comme dépôt de garantie.
5. Crédit ou débit du compte, par différentiel quotidien par rapport aux cours de la veille.

lourde – plus de quinze millions d'euros d'*exposition marché*[1]. Mais comme, selon moi, j'allais gagner gros, je n'avais qu'une idée en tête, faire en sorte que mes gains soient le plus important possible. Puis il y eut le 24 octobre. Un vent de mini-panique s'empara des Bourses mondiales. Le Dax, comme la plupart des indices, piqua fortement du nez et demeura bas trop, beaucoup trop longtemps pour moi. Survint sur ces entrefaites l'échéance trimestrielle des contrats *futures* du Dax.

Toujours aveuglé par mon désir de regagner, et même d'accroître, le capital que m'avait laissé mon père, je commis une dernière erreur

J'aurais dû boucler ma position, comme je l'aurais fait si j'avais été dans mon état « normal ». Autrement dit, j'aurais dû couper mes cent contrats et prendre mes pertes.

Au lieu de cela, convaincu que la tendance baissière allait se retourner rapidement, je me suis précipité à « roller[2] » mes contrats et à renforcer *one shot* ma position de cent contrats supplémentaires. Sans me souvenir que la poule qui court trop et partout rencontrera le serpent.

En me mettant en levier maximum, avec une exposition marché de plus de trente millions alors que je ne disposais que de huit millions, je venais de signer ma mort financière ! Mais je ne m'en doutais pas le moins du monde...

---

1. L'exposition marché est la somme totale sur laquelle le trader est engagé.
2. Roller des contrats *futures* : une fois les contrats arrivés à terme, pour rester dans le marché, il faut renouveler sur l'échéance suivante la position ouverte (les contrats *futures* Dax arrivent à échéance en fin de chaque trimestre).

Inquiétés par les propos du président de la Fed, les marchés n'ont pas remonté. Dans les jours qui suivirent, ils ont connu de nouvelles fortes baisses. J'étais le dos au mur. Soudain dégrisé ou « désenvoûté », si je peux dire, j'ai enfin pris conscience de la situation dans sa cruelle réalité. Trop tard !

Oui, trop tard. Beaucoup trop tard. Le mal était fait. Il m'était impossible de revenir en arrière. Ni de trouver une solution financière à des pertes devenues insoutenables.

Trois jours plus tard, c'était terminé. Fini pour moi. N'ayant plus assez de cash pour assurer les appels de marge, mes deux cents contrats ont été liquidés. Je me suis fait « couper » comme on dit dans le jargon professionnel. Par Andrew Galiano, le chef de mon broker. Et moi, j'étais ruiné !

Si je n'avais pas été réduit malgré moi à une telle impasse, il n'y aurait eu qu'une attitude techniquement fondée à adopter : alléger ma position et attendre tranquillement un rebond technique des cours, pour revendre mes contrats Dax.

Rebond qui n'a d'ailleurs pas tardé à arriver la semaine suivante.

Pour l'heure, j'étais lessivé. KO debout ! Et ne disposant plus d'assez de réserves financières pour assurer mes engagements, j'ai été contraint d'hypothéquer mon appartement.

Ce n'est qu'un peu plus tard que j'ai réalisé combien j'avais été stupide de commettre toutes les erreurs qu'un trader peut commettre sous l'effet de ses émotions. *Ce ne sont pas les marchés qui sont dangereux pour celui qui opère en Bourse. Le risque majeur, c'est la dynamique de son biais émotionnel et psychologique.*

Une chose était sûre, je ne devais plus trader si je voulais éviter de finir à la rue. J'avais galéré deux semaines pour obtenir mon prêt hypothécaire. Deux semaines de lutte acharnée avec moi-même. Entre le désir d'en finir et la volonté de m'en sortir. Qu'allais-je donc faire désormais pour remonter la pente ?

Pour me changer les idées, je décidai, pour le premier soir depuis longtemps, d'aller dîner dans un petit restaurant de Broadway où j'aime aller quand je veux me détendre. On y mange bien, le patron est sympa et l'ambiance aussi.

Le temps de me doucher et de m'habiller, et j'étais au pied de mon immeuble, en quête d'un taxi libre. J'achetai machinalement le *Wall Street Journal* que je glissai dans la poche de ma veste sans lui accorder plus d'attention.

Mon esprit était envahi par de sombres pensées. Après avoir mangé, mon humeur n'était pas meilleure. Dans l'espoir d'arrêter de broyer du noir, je commandai un double bourbon et j'essayai de me concentrer sur la lecture du journal.

La jeune serveuse, que j'aurais trouvé toujours aussi sexy si je n'avais pas eu le moral à zéro, m'apporta mon verre et me demanda si je n'avais pas des tuyaux pour gagner en Bourse. Au regard sombre que je lui lançai, elle comprit que ce n'était certainement pas le cas et n'insista pas. Elle dut se souvenir qu'on ne parle pas de corde dans la maison d'un pendu.

C'est en 4ᵉ page du *Wall Street Journal* que je remarquai l'article qui allait être à l'origine d'une déroutante et incroyable métamorphose pour moi. C'est vrai que son titre était accrocheur : « Le moine faiseur d'or ! »

Il y était question d'un moine bouddhiste vivant dans un ashram en Californie et qui, selon le journal, gagnait des fortunes grâce à une forme de trading dont il semblait être l'un des grands maîtres actuels.

L'article précisait que les sommes fabuleuses que le moine retirait de ses activités boursières n'étaient pas totalement destinées à son usage personnel. Il en reversait une grande part à des œuvres caritatives, surtout à des mouvements d'exilés tibétains.

Ce qui motivait ce moine n'était donc pas d'accumuler des fortunes pour vivre comme un milliardaire, mais d'aider financièrement sa communauté dans sa lutte contre l'oppression chinoise. Suivaient des considérations politiques qui, je dois l'avouer, ne m'intéressaient guère, surtout en raison de l'état d'esprit dans lequel je me trouvais.

Pour terminer, l'auteur de l'article avait l'honnêteté intellectuelle d'ajouter qu'il ne tenait pas ces informations des milieux boursiers. L'existence du moine et ses performances lui avaient été communiquées par des amis bouddhistes new-yorkais étrangers au monde du trading. Le journaliste précisa qu'il avait vérifié ses sources et conclut en rappelant le sérieux, la fiabilité et l'objectivité du *Wall Street Journal*.

J'avoue que la lecture de cet article m'avait d'abord fait plaisir, même remonté le moral en me rappelant qu'on peut gagner gros, même très gros, sur les marchés financiers. Et que si un moine bouddhiste y parvenait, j'en étais capable moi aussi.

© Groupe Eyrolles

Ce sursaut d'optimisme fut cependant vite balayé par une bouffée de jalousie. Le parallèle, que je ne pouvais m'empêcher de faire entre ma déroute financière et les gains de ce moine, retournait le couteau dans la plaie. Cruellement, profondément. Et ça faisait mal. Au point d'en être jaloux.

Décidément, une fois de plus, je n'avais pas la tête à l'endroit ce soir-là.

Après la jalousie, une question devint vite obsédante : comment ce mystérieux moine s'y prenait-il pour gagner des fortunes en Bourse ? Avait-il une « méthode secrète » ? un don particulier ? Ou bénéficiait-il d'infos confidentielles ? Et quel lien pouvait-il y avoir entre sa pratique, le bouddhisme, et sa spectaculaire réussite financière ? Si la science crée de la magie, ce devait être une sorte de Leonard de Vinci des marchés, ce moine.

Mais j'avoue que je ne réussis à trouver aucune réponse. Plus je cogitais, plus je m'enfonçais dans le doute.

Je commandai un deuxième double bourbon avant de demander au patron du restaurant de m'appeler un taxi pour me ramener chez moi. Malheureusement, mon bourdon n'était pas soluble dans le bourbon, c'est la tête pleine à craquer d'idées noires que je me couchais deux heures plus tard.

Chapitre 2

L'enterrement de mes certitudes

> « L'argent n'a pas d'odeur,
> mais à partir d'un million,
> il commence à se faire sentir. »
> Tristan BERNARD

Délégation tibétaine

Réveil brutal. Bouche pâteuse. L'aube pointe sur New York.

J'ignore encore que tout ce que je croyais savoir sur l'argent, sur la manière d'en gagner – d'en gagner vraiment – allait bientôt être totalement ébranlé.

Sous la douche, je me souviens confusément avoir rêvé du moine trader. Il me confiait son approche personnelle pour trader les matières premières. Le pétrole notamment.

Pendant mon rêve, j'avais éprouvé la profonde certitude, comme après une révélation, que je connaissais déjà sa méthode. Et qu'elle m'avait paru proprement géniale. Mais ce n'était qu'une impression. Je ne savais rien de cette fichue méthode. J'avais eu simplement *le sentiment de savoir*. Comme c'est souvent le cas au cours d'un rêve.

Il n'empêche que mes souvenirs nocturnes m'avaient remis en tête la question des relations entre le moine bouddhiste et la Bourse. Et cette question n'arrêtait plus maintenant de me torturer les méninges. Insistante. Obstinée. Comme une guêpe qui butte sans cesse contre une vitre.

Après m'être servi un café, que je sirotais en contemplant Central Park à mes pieds, vingt-six étages plus bas, j'essayai de faire le point sur les éléments en ma possession.

Un moine bouddhiste était-il plus apte à gagner en Bourse que le commun des mortels ? Pour tenter d'avoir la réponse, je me suis connecté sur Google pour trouver une définition du bouddhisme.

Je découvris que c'était une philosophie, une discipline ou une sagesse, apparue en Inde au Ve siècle avant J.-C. Évidemment ! Je poursuivis mes recherches et trouvai quelque chose qui me parla un peu plus : une discipline dans la conduite de sa vie, des rapports avec soi et avec autrui, et une sagesse consciente dans la vision de la réalité. Déjà plus précis !

Voir la réalité telle quelle et non telle qu'on l'imagine ou comme on la souhaiterait... le lien que je cherchais n'était-il pas là ?

Mais si la réponse à cette question me parut très vite évidente, restait à savoir en quoi précisément le bouddhisme représente un avantage pour le trader en le rendant particulièrement efficace sur les marchés. Oui, en quoi ? La personne la mieux placée pour me répondre était le moine lui-même, bien sûr ! Mais comment entrer en contact avec lui ? Pas simple ! Le *Wall Street Journal* de la veille était resté dans ma poche, où je l'avais remis après l'avoir lu au restaurant. Il y était toujours.

J'ai relu l'article consacré au moine. Mais cela ne m'apporta pas de précisions supplémentaires. À part qu'il vivait dans un ashram en Californie, ce que je savais déjà, rien d'autre ne permettait de le localiser plus précisément.

Soudainement, une idée me vint. Il me suffisait d'appeler l'auteur de l'article ou de lui envoyer un mail pour espérer me renseigner sur le moine. La solution du mail se révéla la plus simple.

Deux heures plus tard j'avais ma réponse. Si l'on pouvait appeler ça une réponse. Car mon interlocuteur me confirmait bien l'existence du moine trader, mais en précisant qu'il ne pouvait pas publier d'autres infos que celles contenues dans son article.

Il avait écrit ce dernier suite à une interview accordée par le moine à la rédaction du *Wall Street Journal*, sous réserve que son anonymat soit strictement préservé. Le journal s'y était engagé et tenait parole.

Mon correspondant me donnait néanmoins le conseil de m'adresser au responsable de la communauté tibétaine à New York, dont il avait joint les coordonnées. Pourquoi ne pas essayer, après tout ? Dans la période de déveine que je traversais, la chance me sourirait peut-être une fois. Une fois, c'est tout ce que je lui demandais !

Le cœur cognant sourdement dans ma poitrine et les mains moites, je composai le numéro de téléphone mentionné dans le mail. Quelque part dans la ville, un téléphone sonna pendant un instant qui me parut interminable. Puis on décrocha. Une voix d'homme, au fort accent asiatique, m'annonça que j'étais en communication avec le bureau de la délégation tibétaine de New York.

– Qu'y a-t-il pour votre service ?

J'expliquai à mon interlocuteur les raisons et le but de mon appel. Je m'attendais à ce qu'il me raccroche au nez, mais il me laissa poursuivre sans dire un mot. J'ajoutai que j'étais trader et que je désirais être initié à la philosophie du développement personnel tel que le pratique les bouddhistes.

J'avais tout dit. Mon interlocuteur demeura silencieux quelques secondes comme s'il me jaugeait à travers mes propos, et me demanda :

– Vous serait-il possible de vous présenter à notre bureau demain matin, vers 10 heures ?

Je lui répondis que c'était parfaitement possible et que je serais au rendez-vous à l'heure dite, sans me croire obligé d'ajouter que je serais là plutôt deux fois qu'une. Il me donna l'adresse de son bureau, dans China Town, et, après m'avoir salué, il raccrocha. Avant mon appel je n'aurais pas misé lourd sur mon espoir de réussir, mais c'était fait ! La chance m'avait-elle enfin souri ? Je n'osais pas y croire.

J'avais obtenu un rendez-vous que je n'aurais jamais espéré et qui, j'en avais la vague intuition, m'ouvrirait les perspectives d'un avenir plein de promesses. Mais j'ignorais encore pour quelles raisons on m'avait donné une réponse positive. Quel intérêt, quelqu'un comme moi, pouvait-il en effet présenter pour la cause tibétaine et, plus encore, pour le moine millionnaire ? Aucun ! strictement aucun !

C'est ce qui me préoccupait et qui tout à la fois me réjouissait et m'interrogeait au sujet de mon rendez-vous du lendemain. J'allais devoir passer les 24 heures à venir dans le doute et l'interrogation. Terriblement inconfortable ! Terriblement inconfortable, mais indispensable à savoir gérer pour un trader.

J'apprendrais plus tard que dans ce métier, comme dans toutes les activités humaines de haut niveau, il faut compter avec le futur sans avoir l'impatience de chercher à savoir de quoi sera fait ce futur.

En clair, il faut disposer d'une technique qui permette de « s'extraire » du temps qui passe, sinon les heures deviennent interminables. Interminables et hyper-stressantes ! D'où le risque de commettre des erreurs lourdes de conséquences.

Le trader idéal serait-il un être totalement impassible ? C'est ce qu'on pourrait croire. Mais la réalité est tout autre. Surprenante ! J'allais bientôt le découvrir.

Le lendemain matin, j'étais à China Town. Par son animation, ses couleurs et ses parfums exotiques, China Town a toujours eu le don de me rendre mon âme d'enfant. J'aime y retourner.

Il faisait un temps superbe. Le quartier était déjà noir de monde. L'adresse que m'avait indiquée le responsable de la communauté tibétaine à New York correspondait à un vieil immeuble des années trente, qui n'allait pas tarder à être démoli pour se voir remplacé par un flambant neuf.

Le bureau de la communauté tibétaine se situait au 9e étage. Un couloir sombre sans fenêtres, éclairé en permanence par la lumière artificielle. Une petite entrée et une porte de couleur rouge foncé.

Je m'apprêtais à sonner quand la porte s'ouvrit soudainement. Une superbe jeune femme vêtue d'un polo et d'un jean apparut. Elle me sourit en me demandant du regard ce qu'elle pouvait pour mon service. Je lui dis mon nom et, avant que je puisse poursuivre, elle me répondit que j'étais effectivement attendu et me fit entrer dans une salle d'attente. Elle voulut savoir si je désirais quelque chose et, devant mon refus, elle referma la porte, me laissant seul.

Le tape-à-l'œil n'était pas le genre de la communauté. Les locaux étaient propres, fonctionnels, mais sans chichis inutiles. Ici, le lobbying ne se faisait pas à grands coups d'esbroufe, mais probablement en nouant d'habiles liens relationnels. Un jeu subtil dans lequel je ne pesais pas lourd. Et je ne pesais même rien du tout.

Plus tard, le moine me prouvera le contraire. Mais je n'en étais pas encore là. Pour le moment, j'étais dans la salle d'attente de la communauté, m'interrogeant sur la tournure qu'allaient prendre les événements.

J'en étais là de mes réflexions quand la secrétaire réapparut et m'introduisit dans le bureau du responsable de la communauté, une pièce aussi austère et dépouillée que la cellule d'un moine. Une table, une bibliothèque, trois fauteuils. C'est tout.

Le responsable se leva et me sourit en me tendant la main. Comme à beaucoup d'Asiatiques, j'avais du mal à lui donner un âge précis, 45, 50 ans environ. Peut-être plus. Sinon, vêtu à l'occidentale, il ressemblait à un employé comme on en croise par milliers dans les rues de New York. Il me fit signe de m'asseoir dans l'un des deux fauteuils placés face à sa table et, en se rasseyant lui-même, me demanda :

– Vous voulez un café ou un thé ? Personnellement, je préfère le café.

Je lui répondis que j'étais également amateur de café.

Toujours souriant, il me demanda en quoi il pourrait éventuellement m'être utile. Malgré son attitude décontractée, je sentais au plus profond de moi qu'il allait me faire subir un rite de passage. De passage vers quoi ? Je n'en avais aucune idée. Mais qu'il se préparait à me tester, ça, j'en étais absolument certain.

La secrétaire fit une courte réapparition pour déposer nos deux cafés et disparut comme elle était apparue, discrète et en silence.

J'allais devoir à présent expliquer ma présence. J'avais d'abord pensé la justifier en invoquant un grand intérêt personnel pour le bouddhisme. Mais j'ai vite renoncé à ce mensonge, jugeant que le plus simple était de m'en tenir à la vérité. C'est donc la triste vérité qui était la mienne que j'allais raconter au responsable de la communauté tibétaine. Mais il me devança, me posant une question qui me prit de court :

– Monsieur Starck, vous qui êtes citoyen d'un pays capitaliste et qui exercez la profession de trader, que pensez-vous du rôle de l'argent ?

Me tendait-il un piège ? Que voulait-il savoir de moi en me posant cette question ? Et surtout dans quel but ? Voulait-il connaître ma position à l'égard de la question tibétaine et, d'une façon plus générale, mes opinions politiques ? Là encore, il me parut préférable de lui dire la vérité :

– Pour nous, Américains, en tout cas pour l'Américain que je suis, l'important est de réussir dans la vie. La réussite, on ne la trouve pas. On la fabrique. Pour certains, l'argent est la preuve matérielle de cette réussite. En ce qui me concerne, c'est le *moyen* de faire ce qui me plaît.

– C'est-à-dire de jouer en Bourse ? me demanda-t-il.

– Pas exactement ! Ce qui me passionne, voyez-vous, c'est de trouver de la cohérence et de la rationalité, dans le désordre *apparent* du monde. La Bourse et les marchés financiers ne sont qu'une manière – qui m'intéresse beaucoup, c'est vrai – de rentabiliser ma passion bien que ce ne soit vraiment pas le cas actuellement. La déroute financière que je viens de subir le prouve.

Toujours souriant, mais demeurant imperturbable, mon interlocuteur ne fit aucun commentaire avant de me poser une nouvelle question :

– Donc, pour vous, l'argent n'est qu'un *moyen*. En ce cas, d'un point de vue moral, quelle attitude adopter à son égard ?

J'avais décidé de jouer la carte de la vérité. Pourquoi ne pas continuer ? Je lui répondis ce que je pensais réellement à ce propos :

– On pourra prendre toutes les positions morales qu'on voudra sur l'argent, chacun continuera à se comporter à son égard en fonction de sa personnalité. Et pour moi, il restera un moyen. Rien qu'un moyen.

– Et avec le recul de votre expérience, quel serait selon vous, aujourd'hui, le point le plus essentiel que vous avez négligé par le passé pour vous retrouver sans argent ? me demanda-t-il.

– Aujourd'hui, je crois pouvoir dire que dans le trading, si on veut gagner de manière récurrente, il ne faut pas trader essentiellement pour gagner de l'argent. Il faut intervenir sur les marchés comme s'il n'y avait pas d'enjeux financiers. Comme si l'on se livrait à un exercice de logique. Mais ça, c'est ce que je dis aujourd'hui. Ce que j'ai fait, c'est différent. Sinon, je n'aurais pas connu récemment la déroute financière la plus sévère de ma vie.

Le responsable ne dit rien, là encore. Mais je crus remarquer un éclair de malice fugitif dans ses yeux. Une impression de ma part ? En tout cas, il ne manifesta rien qui m'aurait permis de savoir s'il était satisfait de mes réponses.

Cela faisait maintenant une bonne demi-heure que nous jouions tous deux au petit jeu des questions-réponses. Le responsable de la communauté me questionnait, je répondais. Dans cet ordre uniquement. Et moi, je me demandais ce qu'il pensait de mes réponses sans jamais le savoir.

C'est alors qu'arriva la question qui, je le saurai plus tard, allait se révéler décisive sur le cours de notre entretien. Et sur mon avenir. Pourtant, à l'instant, elle n'avait l'air de rien :

– Que pensez-vous de l'état actuel du monde, Monsieur Starck ?

Je lui demandai de préciser sa question :

– Vous voulez parler du monde des affaires, de la politique mondiale ou du monde en général ?

– Du monde en général. C'est-à-dire de l'état actuel de la société occidentale, me répondit-il.

J'aurais dû me montrer extrêmement prudent et peser mes mots. En tant que Tibétain, il devait avoir une dent contre les démocraties occidentales, qui semblaient se faire un peu trop facilement une raison de l'occupation du Tibet par la Chine. Mais ce fut plus fort que moi, je lui livrai le fond de ma pensée :

– Notre compréhension du monde est intrinsèquement imparfaite. C'est une idée que je partage avec l'iconoclaste George Sorros. Mais, j'ajouterais pour ma part que ce manque de compréhension conduit à un manque encore plus cruel. Je veux parler du manque de sens !

– C'est intéressant comme point de vue. Qu'entendez-vous exactement par là ? me dit-il.

– Que la pensée occidentale se situe souvent au ras des pâquerettes. Elle manque fondamentalement de profondeur. De conscience au-delà des apparences, devrais-je dire.

Il ne me laissa pas poursuivre mon raisonnement et hocha la tête pour me montrer qu'il avait compris. Mais restant impassible, il se garda bien de me faire part de son opinion personnelle.

Cela faisait maintenant un moment que j'attendais qu'il me parle du moine trader millionnaire. Pour ajouter à ma frustration, il ne me dit rien à ce sujet. Pas un mot !

Au lieu de cela, il me demanda mon adresse mail, qu'il nota sur la fiche informatique qu'il avait établie pour garder une trace de certaines de mes réponses. Puis il referma son ordinateur portable. Apparemment, l'entretien était terminé. Je restai sur ma faim, incapable de me faire la moindre opinion pour savoir s'il m'avait été favorable ou non. *Black out* complet ! Le responsable de la communauté était demeuré de bout en bout un mur d'insondable impassibilité. Il me donna du « Monsieur Starck » à tour de bras, m'assura qu'il ne manquerait pas de me tenir au courant des résultats de notre entrevue. Et après m'avoir serré la main, me confia à sa secrétaire qui me raccompagna. Très aimable mais toujours silencieuse.

Quelques instants plus tard, je me retrouvais au pied de l'immeuble de la communauté. China Town était encore plus animé et coloré qu'elle ne l'était une heure auparavant. Et moi, j'avais la tête encore plus agitée de questions qui se bousculaient dans tous les sens.

Savoir si j'avais réussi mon « examen de passage », il ne fallait pas y compter. Le responsable de la communauté n'avait rien laissé transparaître de ses pensées. Le fait qu'il ait noté certaines de mes réponses et mon adresse mail n'était pas un signe favorable. Ni défavorable, d'ailleurs. En raison d'une courtoisie et d'une diplomatie millénaires, les Asiatiques ont l'art d'une extrême amabilité à l'égard de leurs interlocuteurs. Ils veillent avec le plus grand soin à ne jamais faire perdre la face.

Aujourd'hui en tout cas, j'aurais préféré que le responsable de la communauté soit moins exquisément

© Groupe Eyrolles

aimable. Comme ça, au moins, j'aurais su si je pouvais espérer rencontrer un jour le moine trader. Mais là, rien du tout ! J'en étais à me demander si je n'aurais pas intérêt à renoncer au trading et à me reconvertir. Oui, qui sait, si ?

Toutes ces questions et d'autres encore, je me les suis posées et reposées inlassablement pendant quinze jours. Quinze longs jours ! Je commençais à perdre espoir, quand enfin je reçus un mail du responsable de la communauté tibétaine.

Il commençait par un « Très cher Monsieur Starck ». Introduction à laquelle, à tort, je ne prêtai aucune attention. En revanche, je ne vis qu'une chose qui provoqua chez moi une joie plus qu'indescriptible : le numéro de téléphone et l'adresse de l'ashram où le moine trader résidait à Sacramento, en Californie.

Le mail précisait encore que mon appel téléphonique était attendu et qu'on me donnerait toutes les informations nécessaires. Dès que le décalage horaire le permit, je composai le numéro de téléphone qui m'avait été indiqué sur la côte Ouest.

C'est une voix féminine sympathique et chaleureuse qui me répondit. À peine me suis-je présenté, qu'elle aussi y alla du « Très cher Monsieur Starck » pour m'annoncer que Yungan Lama, le moine en question, était très heureux et très honoré de m'inviter à séjourner en son ashram. Une chambre était prête pour moi. Je pouvais arriver quand je le désirais.

Que devais-je entendre par *invité* ? Je le demandai à ma charmante interlocutrice. Elle me répondit que le moine se faisait un extrême plaisir de m'offrir mon séjour à l'ashram. Je n'aurai rien à payer. « Pas mal, ça, mais qu'est-ce qui me vaut cet honneur ? », pensai-je.

Me confondant en remerciements, je dis à mon interlocutrice que je serais sur place dès le surlendemain matin. Puis nous avons échangé une brassée d'amabilités avant de raccrocher. Dans mon appartement, je fus pendant un bon moment l'homme le plus heureux du monde.

Et le soir même, je fêtai l'événement par un repas *frenchie*, arrosé d'un vin californien, de premier prix, vu l'état de mes finances. Mais le tout quand même dans mon restaurant favori de Broadway. Ce soir-là, je me mis à reprendre espoir. Mais à aucun moment je n'aurais pu imaginer l'étonnant bouleversement qui m'attendait.

Chapitre 3

Rencontre avec un alchimiste des marchés

> « Je sais enfin ce qui distingue l'homme
> de la bête : ce sont les ennuis d'argent ! »
> Jules RENARD

7 h 40, Sacramento

Sous un soleil éclatant. C'est le vol New York/ Sacramento d'un John Starck gonflé à bloc qui se pose.

Je foulai le sol de la Californie pour la première fois. En regardant autour de moi, cela correspondait parfaitement à l'image que je m'en faisais.

Les formalités de débarquement terminées, un jeune costaud de type asiatique, vêtu d'une chemise rouge, d'un jean et un Stetson blanc, s'adressa à moi. Il fit preuve d'un respect cérémonieux auquel je n'étais pas habitué dans les rues de New York :

– Monsieur John W. Starck ?

– Oui, c'est moi.

Il inclina légèrement la tête et m'annonca, sérieux comme un clergyman :

– Yungan Lama m'a chargé de venir vous prendre au vol de New York pour vous conduire à l'ashram. Il vous souhaite la bienvenue et un excellent séjour en Californie. Mon nom est Sri Pastani. Mais appelez-moi Sri, tout simplement.

– Appelez-moi John, ai-je spontanément répliqué.

Une lueur de réprobation traversa son regard quand il me répondit :

– Yungan Lama n'apprécierait pas, Monsieur Starck !

Sur quoi, sans autre commentaire, il remit son Stetson sur sa tête, me prit mon chariot à bagages des mains et me conduisit vers les parkings de l'aéroport, où nous attendait un gros Cherokee blanc.

Par son attitude respectueuse, Sri m'avait fait comprendre qu'il était là à mon service. C'était à moi de choisir. Je parlais, il me répondait de manière déférente. Je me taisais, il respectait mon silence. Et en l'occurrence, j'essayais de deviner l'expérience que j'allais vivre. J'avais déjà imaginé beaucoup de scénarios. Tous allaient se révéler à des années-lumière de la réalité.

Nous roulions maintenant en pleine nature, tournant le dos à Sacramento et filant droit vers l'est. Le paysage, vallonné et aride, était celui qui servait de décor aux westerns, dont mon père avait fait une grande consommation pendant son adolescence. Mais moi, j'étais perdu dans mes réflexions sur le moine et sur l'accueil qu'il allait me réserver.

À ce propos, une question ne me quittait plus depuis que j'avais repris mes esprits, après le dîner que je m'étais offert la veille. Pourquoi le moine millionnaire, Yungan Lama, puisque tel était son nom, me traitait-il avec apparemment tant d'égards ? Qui étais-je à ses yeux pour qu'il m'accorde une telle attention ?

D'abord, on s'adressait à moi comme si j'étais le président des États-Unis en personne. Je connaissais bien l'exquise politesse asiatique. Mais quand même ! je n'étais qu'un trader ruiné, rien de plus. Ensuite, ce séjour entièrement offert à l'ashram. Et maintenant, Sri qu'on m'envoyait me chercher à l'aéroport et qui me traitait presque comme un dieu vivant !

Il y avait là quelque chose qui m'échappait et, pour être franc, que je trouvais étrange. Cela me mettait vaguement mal à l'aise. Rien de précis, une sorte de doute qui ne me quittait pas. Mais j'eus, plus tard, la réponse. Je faillis ne pas en croire mes oreilles et en tomber à la renverse. Une histoire proprement stupéfiante !

Cela faisait bien vingt minutes que nous avions quitté la *highway* pour entrer dans une propriété privée. Sri m'avait signalé que nous étions sur les terres de l'ashram. Et celui-ci n'était toujours pas en vue. Des *miles* et des *miles* de vallons et de collines, de pâturages et de terres arables, de chevaux et de vaches gardés par ce que je pris pour des *cow-boys*. Ils en avaient en tout cas tout l'air.

En bon new-yorkais que j'étais, je ne connaissais de la nature que Central Park et quelques espaces verts du New Jersey. Ici, sur ces terres à perte de vue écrasées par le soleil, j'étais en plein dépaysement. Dans un autre univers.

Sri sortit un instant de son mutisme pour m'annoncer que nous n'allions pas tarder à arriver. En effet, après un dernier virage qui contournait la base d'une colline, l'ashram dressa bientôt devant nous sa masse imposante.

C'était un ranch immense sur trois niveaux, tout en bois blond, précédé au rez-de-chaussée d'une vaste terrasse couverte qui tenait toute la façade et sur laquelle je devinai des rocking-chairs inoccupés.

Plus loin, des bâtiments annexes, probablement des écuries et des ateliers. Quelques arbres seulement, frêles, presque rachitiques, qui dispensaient de maigres cônes d'ombre.

Sri gara le Cherokee devant la terrasse et vint m'ouvrir la porte côté passager. C'était à croire qu'on s'était donné le mot pour être aux petits soins pour moi. Je n'allais pas m'en plaindre, bien que je n'aie jamais eu de goût pour les manières. Mais cela m'incitait encore davantage à m'interroger sur le pourquoi de tant d'égards.

En sortant du Cherokee climatisé, j'eus l'impression d'entrer dans une étuve. Il n'était que 9 h 30 du matin, mais depuis l'aéroport de Sacramento la chaleur avait fait un bond impressionnant. Chauffé à blanc, l'air était difficilement respirable.

Sri, qui avait tenu à se charger de mes bagages, me fit entrer dans le ranch et me guida jusqu'à la chambre qui m'avait été attribuée, où régnait une agréable fraîcheur. C'était une grande et confortable pièce pourvue de tout l'équipement nécessaire sous ce climat.

Sri m'expliqua le fonctionnement de toutes les commandes et me montra l'emplacement du mini-bar, avant de se retirer en me précisant que je n'avais qu'à composer le 6 sur l'interphone pour le joindre à tout moment.

Je venais de me servir un soda quand le téléphone sonna. À l'autre bout, une voix d'homme, basse et mélodieuse :

– Monsieur Starck ?

– Oui, c'est moi.

– Yungan Lama ! Pardonnez-moi de ne pas vous avoir accueilli personnellement. Je donnais ce matin une interview à une télévision locale de San Francisco, qui vient à peine de se terminer. Mais je tenais à être l'un des premiers à vous souhaiter la bienvenue parmi nous. Êtes-vous bien installé et avez-vous besoin de quoi que ce soit ?

Je n'en revenais pas. Par son accueil, le moine lui-même me donnait également le sentiment d'être traité en hôte privilégié.

Je le remerciai chaleureusement et l'assurai que tout était parfait, ce qui était on ne peut plus vrai : ma chambre était digne d'un hôtel 5 étoiles. En revanche, je lui posai une question pratique :

– Excusez-moi, je n'ai pas l'habitude, comment dois-je vous appeler ?

Il rit franchement avant de me répondre :

– Appelez-moi Yungan, tout simplement.

Trop impatient de faire sa connaissance, je lui demandai si je pourrais le rejoindre, après avoir pris une douche.

Il accepta sans problème.

Douché. Changé plus vite qu'il ne faut pour le dire, je quittai ma chambre après avoir augmenté le volume de la climatisation. Il devait faire de plus en plus chaud dehors.

Au rez-de-chaussée, un long couloir desservait plusieurs pièces dont les portes, sauf une seule, étaient fermées. Sur le seuil de la porte restée ouverte, par où s'échappaient des échos de voix animées, apparut un homme de taille moyenne, souriant, qui me fut immédiatement très sympathique. De type asiatique, vêtu d'un costume en toile bleu marine, il me tendit la main en me demandant :

– Monsieur Starck, évidemment ?

J'accentuai mon sourire en lui serrant la main, pour confirmer son propos. J'avais imaginé le moine différent, d'un âge plus avancé, un peu à l'image du Dalaï Lama tel que je l'avais vu à plusieurs reprises dans les médias.

Yungan Lama, lui, devait à peine avoir dépassé la quarantaine et, à première vue, n'avait rien d'un dignitaire religieux. Ce qui ne l'empêchait pas d'avoir l'apparence d'un sage. Il se dégageait de lui un charisme et une sérénité impressionnants.

Simple et détendu, il me prit par l'épaule pour me présenter aux résidents présents dans la pièce qui devait servir de salle commune, vaste et confortable, comme toutes les autres parties du ranch.

Il y avait là une quinzaine de personnes. Toutes bouddhistes et appartenant à la communauté. De type européen pour la majorité d'entre elles, elles étaient de contact sympathique et facile comme Yungan Lama. C'était tout aussi vrai des membres d'origine asiatique, parmi lesquels je connaissais déjà Sri, qui me fit, de la main, un petit signe d'amitié. Dans le regard de pratiquement tous mes nouveaux compagnons, il me sembla remarquer de la sympathie. Mais aussi une curiosité bienveillante, pour ne pas dire admirative.

Les présentations terminées, Yungan Lama m'entraîna dans une grande pièce lumineuse qui me deviendrait bientôt familière, son bureau personnel. Avec tout son matériel informatique, il ressemblait davantage à celui d'un homme d'affaire qu'à celui d'un chef spirituel.

Une fois installé confortablement, je remerciai chaleureusement Yungan Lama de son invitation à l'ashram. D'un revers de main, il m'indiqua que c'était peu de chose et tint même à préciser :

– C'est moi qui suis heureux de vous recevoir ici. Je suis persuadé que nous allons faire un excellent travail ensemble. Je pense d'ailleurs que, tout bien considéré, vous m'apprendrez plus de choses que je ne vous en apprendrai moi-même.

Puis, comme pour mieux marquer mon esprit, il fit une pause et me dit :

– Si, si, croyez-moi ! Vous ne le savez pas encore, mais souvenez-vous de ce que je vous dis à l'instant, vous constaterez un jour combien j'ai raison.

Il me renvoyait de moi-même une image flatteuse qui ne me correspondait absolument pas. J'étais encore dans l'état d'esprit du perdant, KO debout et, à l'ashram, on me traitait apparemment, Yungan Lama compris, comme une sorte d'icône. En tout cas, c'était mon impression.

Je trouvai une explication : c'était un « truc » psychologique pour me remonter le moral et me rendre confiance en moi. Oui, c'était une possibilité, mais auquel cas la ficelle était un peu grosse. Ce n'est pas en flattant quelqu'un qu'on lui rend son assurance. Pas longtemps en tout cas.

Yungan Lama était un homme trop subtil pour se servir d'un procédé aussi simpliste. Non, on se comportait avec considération à mon égard pour une autre raison. Mais laquelle ?

Yungan Lama m'observait maintenant depuis un petit moment en train de m'interroger. Un sourire aux lèvres, il me dit :

– Vous continuez à vous poser mille questions pour essayer de comprendre pourquoi je vous ai invité à l'ashram, n'est-ce pas ? Je vais vous le dire, ainsi vous aurez l'esprit libre. Au cours de l'entretien que vous avez eu avec lui, le responsable de notre communauté à New York vous a posé plusieurs questions, si je suis bien informé.

Décidément, il était au courant de tout !

– C'est exact, vous êtes bien informé ! lui répondis-je.

Il ne tint aucun compte de ma remarque et continua :

– L'une de ces questions portait sur l'état actuel du monde. Qu'avez-vous répondu ?

– Que selon moi, il manque cruellement de sens. Je pense d'ailleurs que c'était la question décisive, non ?

– Oui, vous avez raison ! confirma-t-il. Mais pourquoi cette réponse ?

– Parce notre époque est trop matérialiste. Seule compte la réussite matérielle. L'argent, qui devrait être un moyen d'évoluer, est devenu avant tout un outil pour consommer. Une civilisation qui renonce à ce point à toute spiritualité est malheureusement condamnée à plus ou moins long terme.

– Votre réponse a-t-elle été inspirée par le fait que je sois incarné d'une philosophie bouddhiste ? me demanda-t-il.

Ma réponse fut immédiate et spontanée :

– Non, c'est ce que je crois profondément !

Il me regarda droit dans les yeux en observant un instant de silence, puis :

– Je le sais ! Du reste, un homme qui n'aurait pensé qu'à l'argent n'aurait jamais, mais jamais répondu comme vous l'avez fait.

Il s'interrompit quelques instants, me fixant toujours droit dans les yeux, et ajouta à ma grande surprise :

– Si vous acceptez l'initiation que je vais vous transmettre, vous serez bientôt un homme riche, Monsieur Starck. Très riche. Mais vous devez vous engager à utiliser une partie de votre future fortune pour une cause humaniste qui vous tient à cœur.

Vu ma situation financière calamiteuse, j'aurais été fou de refuser.

Puis le moine poursuivit, et je fus de plus en plus intrigué :

– Vous allez entrer dans la danse du capitalisme, et prendre votre part de l'énorme cash qu'il manipule chaque jour.

Et pour conclure, il ajouta cette phrase qui me perturbera plusieurs semaines avant de découvrir les raisons cachées de sa signification :

– Contrairement à ce que vous croyez actuellement, vous êtes un homme très, très, intéressant, Monsieur Starck. À un point dont vous n'avez absolument pas idée. Je vous aiderai à en prendre pleinement conscience, comptez sur moi !

J'espérais qu'il allait m'en dire plus à ce sujet, mais il n'en fit rien. Il venait de regarder sa montre et de m'annoncer qu'il était déjà 13 heures. Les autres résidents devaient nous attendre pour déjeuner, ajouta-t-il. Pour ma part, je pensai que je n'étais pas encore sur le point de savoir pourquoi j'étais censé être un homme très, très intéressant. Ni pourquoi on me portait cette attention particulière qui m'intriguait tant.

La salle à manger de l'ashram était de dimensions imposantes, élégantes et sobres. Les résidents à qui j'avais été présenté nous y attendaient effectivement, plus une dizaine d'hommes et de femmes que je ne connaissais pas encore. Ils devaient être occupés au ranch quand j'étais arrivé. Yungan Lama me les présenta brièvement, avant de s'asseoir au bout de la table commune.

En guise de bénédicité, Yungan Lama proposa une courte méditation sur la faim dans le monde. Les visages devinrent graves et le silence se fit pendant quelques minutes. Puis, après la reprise de la conversation, un court repas composé de légumes cuits, de boulettes de riz et de fruits frais. C'était fin et arrosé de sauces aux parfums subtils, que je découvrais pour la première fois.

Deux membres de la communauté servirent des thés. Et après les avoir bus, alors que chacun retour-

© Groupe Eyrolles

nait à son travail, Yungan Lama m'invita à le suivre de nouveau dans son bureau.

Je pensais que nous reprendrions notre conversation où nous l'avions interrompue avant le déjeuner, et que je connaîtrais enfin la raison de l'intérêt que j'étais supposé présenter. J'en fus pour mes frais. Yungan Lama me demanda de lui donner des précisions sur ma récente déconfiture boursière.

Masquant soigneusement mon dépit, je lui racontai en détail ma prise de position sur le blé et mon impatiente obstination acheteuse sur le Dax allemand, malgré la chute vertigineuse et quasi ininterrompue des cours.

Maintenant très concentré, il hocha la tête en signe de compréhension et dit :

– Cette farouche négation de la réalité quand on veut absolument gagner – ou se refaire – c'est une réaction très fréquente. Malheureusement, c'est aussi le plus sûr moyen de perdre tout ce que l'on a !

Comme absent, il resta silencieux un instant, avant de reprendre comme s'il se parlait à lui-même :

– Le trading, c'est d'abord ne pas perdre de l'argent. C'est ensuite savoir attendre tranquillement, comme un cobra, pour jaillir au moment opportun.

Il me fixa, sans doute pour voir si j'avais saisi l'importance de son propos, puis ajouta d'une voix grave et ferme :

– C'est curieux comme l'être humain a très souvent des comportements irrationnels qui se retournent contre lui et le mettent réellement en péril. Étrange façon d'assurer sa propre sécurité, vous ne trouvez pas ?

Que pouvais-je lui répondre, sinon ce que j'avais éprouvé quand je m'étais obstiné dans cette attitude aberrante qui m'avait empêché de vendre à temps pour limiter mes pertes ? :

– Pendant les quelques heures qui ont précédé la clôture du jour de ma ruine, j'ai été habité par l'absolue certitude qu'il fallait que je maintienne ma position. Que le Dax allait inévitablement remonter. Je voyais dans les indicateurs ce que j'avais envie d'y voir. En fait, je me suis ruiné parce que j'ai cru en toute bonne foi ce que j'avais envie de croire. C'est vrai que ça paraît effarant, quand j'y réfléchis trente secondes !

– Effarant, oui répéta Yungan Lama, en écho à mes paroles.

Puis, songeur, il me posa une question à laquelle je ne m'attendais pas. Sans rapport avec ce que nous étions en train de dire :

– Puis-je vous appeler John ?

– Oui, avec plaisir ! lui répondis-je spontanément.

Il reprit le fil de son idée sur le comportement fréquemment paradoxal de l'être humain :

– John, pensez-vous que l'homme est entièrement libre et conscient de ses choix ?

La conversation prenait une tournure inattendue, mais je devinai où Yungan Lama voulait en venir :

– Autrement dit, vous soulevez la question de notre libre arbitre ?

– Naturellement ! me répondit-il.

Mon point de vue personnel ne pouvait pas se résumer par oui ou par non :

– Je crois à un libre arbitre, mais limité. Limité notamment par nos passions, nos sentiments, nos croyances. Et nos peurs.

Du plat de la main, Yungan Lama frappa le dessus de son bureau en signe d'approbation, en me disant :
– Totalement d'accord avec vous, John. C'est également mon avis. Mais que notre libre arbitre soit limité par nos émotions et nos croyances a forcément une conséquence essentielle sur la manière dont nous nous y prenons pour gérer notre argent, quel que soit notre métier de base. Et dans le trading en particulier ! Très peu de personnes en sont conscientes, d'ailleurs !

Je ne pus m'empêcher de lui demander quelle en était la conséquence essentielle. Car je ne voyais vraiment pas à quoi il faisait allusion. Il me répondit avec le ton et le regard marqués de la nostalgie de quelqu'un qui se livre à une confidence sur une époque lointaine de son passé :

– Je ne suis pas né au Tibet, John, mais à Boston, d'une famille tibétaine émigrée aux États-Unis au moment de l'invasion chinoise. J'ai donc reçu de mes parents une éducation traditionnelle. Mais j'ai aussi suivi une scolarité tout ce qu'il y a de plus occidentale, rationnelle et scientifique même. J'ai d'ailleurs fait mes études supérieures au MIT, où j'ai été professeur de mathématiques pendant plusieurs années.

Il s'interrompit pour m'observer avec attention, avant de me dire :

– Vous devez vous demander où je veux en venir en vous racontant tout ça, non ?

Je dus lui avouer que c'était effectivement le cas.

– Vous allez tout de suite comprendre ! me répondit-il, avant de poursuivre. J'ai tenu à vous informer de cette partie de mon *background* pour que vous sachiez que ma formation scientifique et mathématique a joué, et joue toujours d'ailleurs, un rôle dans ma réussite dans le trading, c'est vrai ! Mais un rôle mineur. Vraiment mineur. Car un autre savoir, que j'ai dû acquérir par moi-même, joue un rôle beaucoup plus important. Le rôle essentiel, devrais-je dire. Savez-vous lequel ?

– Je dois vous avouer que non. Je n'en ai pas la moindre idée !

– L'étude et la maîtrise des phénomènes psychiques. Plus précisément, une approche qui tient le plus grand compte des rouages phénoménologiques de la finance comportementale ! C'est ainsi que nous parvenons à saisir l'esprit absolu, ontologique et métaphysique des marchés. Et c'est de cette manière que vous atteindrez la vraie réussite, en trading comme dans la vie en général. C'est également ainsi que vous éviterez de tomber dans les pièges que vous tendent vos émotions, vos croyances, ou les faux signaux techniques, justement. Pièges dans lesquels vous êtes malheureusement tombé, cher John.

Il ajouta, comme pour mieux souligner l'importance de ce qu'il venait de me révéler :

– En plus, la maîtrise phénoménologique de la finance comportementale nous permet d'anticiper, pour une large part, les réactions des marchés.

Yungan Lama parlait avec flamme, comme si ces éléments étaient l'arme absolue pour gagner sur les marchés. Je le lui fis remarquer. Il ne réfléchit pas un instant avant de me répondre :

– L'arme absolue ? Pas tout à fait. Je dirais que pour constituer l'arme absolue, il faut conjuguer cela avec

© Groupe Eyrolles

le travail, le travail et encore le travail. À ce propos, j'épouse avec conviction une théorie défendue en son temps par Monsieur Einstein : « La réussite, la vraie, c'est 99 % de transpiration et 1 % d'inspiration. »
Je l'interrompis :
– Ne pas tenir compte, *pratiquement*, de tout cela, ce serait un peu comme vouloir marcher sur une seule jambe !
– Excellente image, John ! me répondit-il. Et c'est à tous ces aspects, mais de manière pratique et concrète désormais, que je vais vous initier. Car *quelqu'un comme vous* doit absolument y être formé !
Qu'avait-il exactement voulu dire en parlant de *quelqu'un comme moi* ? Faisait-il allusion à cette particularité qui serait la mienne et qui me vaudrait le traitement de faveur qui m'était apparemment réservé ? Je n'eus pas le temps d'y réfléchir plus longtemps, ni de lui poser la question. Il suivait le fil de son idée :
– Vous remarquerez d'ailleurs, et j'insiste sur ce point, que l'étude phénoménologique de la finance comportementale doit être essentiellement pratique. C'est indispensable pour qui veut réussir en trading, est tout aussi nécessaire pour réussir dans tous les autres domaines de l'existence. Que ce soit dans la vie privée, publique, professionnelle... dans tous les domaines, je dis bien. Car affronter l'existence et y réussir implique un certain état d'esprit, une certaine attitude mentale. En résumé « être en pleine conscience ». Et, je le répète, *quelqu'un comme vous*...
Yungan Lama ne termina pas sa phrase. Il se tut deux bonnes minutes au moins, le regard absent,

comme quelqu'un qui est perdu dans ses pensées. Estimait-il en avoir trop dit ? Bien que ma curiosité soit piquée au vif, je me gardai bien de le déranger dans ses développements.

Dehors, l'air vibrait de chaleur. Le paysage était écrasé par un soleil brûlant. Machinalement et sans prêter la moindre attention à ce qu'il faisait, Yungan Lama monta la climatisation. Et il demeura encore silencieux quelques instants avant de reprendre la parole :

– À propos, je tiens à vous signaler que, pendant tout le temps que durera votre initiation, je vous demanderai de respecter les règles imposées au sein de l'ashram. À savoir, pas de tabac, d'alcool, de télé. Et interdiction de sortir des limites de la propriété sans être accompagné d'un membre. Comme vous avez pu le constater, elle est assez grande, vous ne risquerez pas de souffrir de claustrophobie ! Par contre, rassurez-vous, vous ne serez pas pour autant privé du plaisir des sens. De tous les sens. ajouta-t-il en souriant, avant de me demander :

– Ces quelques règles ne vous posent pas trop de problèmes, j'espère ?

– Pas vraiment, si l'initiation ne dure pas trop longtemps... lui avouai-je.

Son sourire s'élargit et, avec un reflet complice dans les yeux, il me répondit :

– Non, ce ne sera pas trop long, rassurez-vous ! D'ailleurs, soyez sans crainte, vous aurez droit à des dérogations. Et pas n'importe lesquelles, vous verrez !

Ostensiblement, je soufflai, comme on souffle quand on apprend qu'on est dispensé d'une corvée.

Devant ma réaction, Yungan Lama crut nécessaire d'ajouter :

– Ne vous inquiétez pas. Nous ne sommes pas une secte qui, pour des raisons obscures et irrationnelles, multiplie les interdits. Pas plus que nous n'avons des règles pour le seul plaisir de les imposer à nos membres. Et nous sommes encore moins comme ces états totalitaires paranoïaques, qui se méfient de la liberté comme de la peste

– Je ne l'aurais jamais pensé ! lui dis-je, en me faisant la réflexion que Yungan Lama n'avait de toute façon rien d'un gourou ni d'un fanatique religieux.

– Je le sais bien, et je suis tout à fait rassuré sur ce point ! me répondit-il. Tout simplement, nous pensons, et je dirai même que nous sommes absolument convaincus, qu'à certains moments, la rigueur est nécessaire à la réussite. Surtout en période d'intense formation.

– Cela me semble évident, lui dis-je, avant qu'il ne précise :

– J'ajouterai qu'une discipline, *stricte mais non verrouillée,* est indispensable pour qui veut gravir les marches du succès dans le monde du trading. C'est la raison des règles que je vous impose : vous apprendre à respecter cette forme de discipline non verrouillée qui, vous le constaterez par vous-même, vous permettra de suivre celle que vous serez amené à vous fixer personnellement plus tard. Vous comprendrez bientôt pourquoi. Je suis quelqu'un de très ouvert, vous verrez. Mais je ne transigerai jamais sur ce point !

En disant ces derniers mots, son ton et ses traits avaient pris une fermeté que je ne lui connaissais pas encore. C'était un homme serein et ouvert. Mais certainement très déterminé. Il ne m'en fut que plus sympathique.

Il avait retrouvé son subtil sourire quand il me demanda si je voulais boire quelque chose. Je choisis un café. Il s'en servit un lui aussi.

Yungan Lama sirotait son café par petites gorgées paresseuses, prenant tout son temps comme s'il nous accordait une récréation. C'était à croire qu'il avait deviné ma pensée, car il déclara, sans s'adresser particulièrement à moi, mais comme on se fait une remarque à soi-même :

– L'important dans la vie n'est pas d'aller vite, mais de savoir où l'on va. De connaître son chemin de vie ! Car comment se mobiliser pour se mettre en route et trouver en soi les ressources pour marcher longtemps, sur une voie qui est le plus souvent semée d'obstacles, si l'on n'a pas une idée précise de sa destination ?

– L'incontournable question du but et surtout du sens de l'existence, dis-je, me parlant moi aussi plus à moi-même qu'à Yungan Lama.

Il hocha la tête en signe d'assentiment puis me demanda :

– Personnellement, vous avez un chemin de vie, John ?

Je lui répondis franchement, tout en prenant soudain conscience d'une réalité qui me déplut :

– Rien de précis, je dois l'avouer ! J'ai vécu ces dernières années englué dans un présent morne et sans horizon, obnubilé par le trading. Je ne pensais qu'à ça. Mon futur était totalement absent de mon esprit. Je vous remercie de m'en avoir fait prendre conscience !

Yungan Lama rit franchement et me dit :

– Je suis là pour ça, John !

Puis, plus sérieusement, il ajouta :

– Il vous faut absolument un chemin de vie. Je vous propose d'ailleurs d'en faire le thème de votre première séance d'initiation qui se déroulera demain matin, si vous êtes d'accord...

J'étais d'accord, évidemment, et je le lui dis. Il reprit alors le fil de sa pensée :

– Oui, il vous faut absolument un chemin de vie, John. Et cela pour deux raisons au moins. La première, c'est que ne penser qu'au trading augmente considérablement les risques de perdre. Non seulement de perdre, mais d'y perdre tout ce que l'on veut.

– Pourquoi ça ? lui demandai-je.

– Pour une raison psychologique toute bête. Ne penser qu'au trading rendrait vos sentiments et vos émotions beaucoup trop dépendants des fluctuations permanentes du marché, ce qu'il faut absolument éviter. Alors que donner un sens différent, et surtout *supérieur* à votre vie, vous permettra d'acquérir une forme d'insensibilité émotionnelle à ces fluctuations. De porter un regard et un jugement froids sur les marchés, vous comprenez ?

– Je comprends très bien et c'est très astucieux ! lui répondis-je, avant de lui demander : Et la seconde raison pour laquelle je dois absolument avoir un chemin de vie ?

Son regard et son sourire devenant malicieux, comme s'il voulait créer un effet de suspens :

– Parce que *vous*, cher John, vous ne pouvez pas et surtout vous ne *devez pas* vous contenter de penser *au premier degré* ! Voilà pourquoi !

Une fois de plus, il faisait allusion à je ne savais trop quelle singularité qui était censée me distinguer des autres. Comme si j'étais une sorte de mouton à cinq pattes. Mais qu'avais-je de si différent des autres, bon sang ? Non seulement cette question excitait ma curiosité, mais elle commençait aussi à m'irriter. Cette fois, je la posai ouvertement à Yungan Lama.

Je la posai, mais il n'y répondit pas. Du moins, il fit comme s'il ne l'avait pas entendue. Je la posai une seconde fois. Et il fit tout autant la sourde oreille, en me regardant cependant d'une façon qui signifiait clairement que j'aurai beau insister, je n'obtiendrai aucune réponse de sa part. Du moins pour le moment. Et je m'en tins là.

Son sourire et sa bienveillance retrouvés, il m'annonça que notre entretien était terminé. Il me précisa que si j'avais besoin de quoi que ce soit, il me suffisait d'en faire la demande à Sri.

Il me raccompagna ensuite à la porte de son bureau et me souhaita une excellente fin d'après-midi, après m'avoir posé deux questions sur lesquelles il me demanda de méditer.

Quant aux secrets qu'il avait décidé de me révéler, j'en prendrais connaissance quand il l'aurait décidé. C'était une règle qu'il me fallait également respecter.

Un des membres de la communauté que je croisai dans le couloir m'indiqua que Sri était dans les écuries. J'allai l'y rejoindre. Affable, pétillant et toujours le sourire aux lèvres, il proposa de me seller un cheval pour me permettre de partir à la découverte des terres du ranch. D'une infime partie d'entre d'elles du moins. J'acceptai son offre avec plaisir. J'allai me retrouver dans la peau d'un de ces cow-boys qui avaient bercé mes rêves d'enfance.

Le soleil déclinant prenait des teintes pourpres quand je réalisai qu'il était temps de rentrer à l'ashram. J'avais consacré ma chevauchée solitaire à méditer sur mon chemin de vie. Et à me rendre compte que, décidément, il n'y a pas de hasard dans la vie. Si j'étais ici, ce devait être pour une excellente raison. Mais je ne savais pas encore précisément laquelle.

Chapitre 4

Le vrai visage du trading

« L'essentiel n'est pas de vivre,
mais de bien vivre. »
PLATON

Initiation

7 heures du matin. Je me réveillai reposé et détendu.
Ce qui ne m'était pas arrivé depuis longtemps. Il me
fallut à peine quelques instants pour réaliser que je
n'étais plus chez moi à New York, mais dans un ashram en Californie.

Planté devant le miroir de la salle de bains attenante
à la chambre que j'occupais, l'idée d'un nouveau destin commença à poindre dans mon esprit.

– Que diriez-vous d'entrer dans le club très sélect de
gens à qui tout semble réussir ? N'en avez-vous pas
assez de devoir toujours vous battre, alors que vous
pourriez jouir de tous les plaisirs de la vie sans au-

cune frustration ? Ces deux questions déroutantes, auxquelles le moine m'avait demandé de méditer la veille, avant de me quitter, je sentais qu'elles allaient prendre bientôt tout leur sens.

Le voile sous lequel se cachaient les grands secrets du trading du moine bouddhiste allait-il enfin se lever pour moi ? J'en eus soudainement l'intime certitude !

Après m'être habillé, je me rendis à la salle à manger commune pour mon petit déjeuner. J'y retrouvai les membres dont j'avais fait plus ample connaissance au cours du barbecue organisé la veille au soir, à l'extérieur du ranch pour profiter de la fraîcheur de la nuit tombée.

Sri était là. Il m'offrit un citron pressé en me précisant tout le bien que cela fait à un homme « à jeun ». Puis m'annonca que Yungan Lama m'attendait dans son bureau à neuf heures. L'ambiance était cordiale, presque amicale. Nous n'étions pas entre adeptes « coincés » et sinistres, mais entre amis. Comme quoi on peut se livrer à des activités très sérieuses dans la bonne humeur et sans se prendre au sérieux.

À neuf heures, j'étais dans le bureau de Yungan Lama. J''eus l'impression qu'il travaillait depuis déjà plusieurs heures. Était-ce la nuit, à l'abri des regards, qu'il préparait ses trades à succès ? J'étais tenté de le croire. Mais auquel cas, pourquoi tant de discrétion, pour ne pas dire tant de mystère ?

En se rasseyant dans son fauteuil, sa tasse à la main, Yungan Lama me dit sur le ton de la confidence :

– Avant de commencer à travailler sur les marchés boursiers, demandez-vous pourquoi ce domaine vous attire. Si c'est l'appât du gain, attendez-vous à rester sans le sou. Si c'est la psychologie, la finance comportementale, l'analyse des chiffres, l'économie, la géopolitique et, d'une certaine manière, la philosophie qui vous attirent, vous êtes fait pour réussir. Et plus vite que vous ne l'imaginez.

Ma première séance d'initiation venait-elle de commencer ? J'en avais en tout cas le sentiment. J'avais imaginé qu'elle prendrait une tournure solennelle. Manifestement ce n'était pas le cas. Yungan Lama avait choisi de lui conserver un aspect familier et détendu, presque comme une conversation à bâtons rompus. J'en conclus que je devais prêter la plus grande attention aux propos qu'il tenait d'un air apparemment détaché.

Voilà qu'en 24 heures il revenait pour la seconde fois sur le piège que constitue la *motivation* du trading par l'argent. Ce n'était certainement pas innocent de sa part. D'ailleurs, il insista encore, comme s'il voulait marquer mon esprit de manière indélébile :

– Oui, ne le faites pas pour gagner de l'argent. Faites-le par passion et l'argent viendra ! Du reste, si j'ai bonne mémoire, au cours de ces malheureuses opérations qui vous ont ruinées, vous n'aviez qu'une idée en tête : vous « refaire » comme disent les joueurs. C'est bien cela, non ?

J'admis. Il avait tout à fait raison. Puis il prononça une phrase qui m'interloqua :

– Je n'ai jamais été un fanatique des tours de piste dans le cirque des cupidités.

Sans me laisser le temps d'ouvrir la bouche, comme pour mieux enfoncer le clou, il poursuivit :

– Vous, John, il semble bien que vous l'ayez été, cupide. Cupide et qui plus est, vaniteux. D'où cet irrésistible désir de vous « refaire ». Désir qui vous a ruiné, en vous persuadant que le niveau du Dax allait remonter ! Ce qui vous a conduit à maintenir votre position vendeuse malgré une confluence d'indicateurs qui étaient à la baisse, mais que vous n'avez pas su voir. Autrement dit, pour être bien clair, votre désir d'argent vous a *masqué* la « lecture » efficace du marché. De plus, vous avez constaté que le Dax a remonté, juste après que vous vous soyez fait « couper » par votre « brooker ». Vous n'avez rien vu venir. En clair, vous n'avez pas vu que vous étiez simplement victime d'un *bull trap*[1] comme d'autres sont victimes d'un *bear trap*.

C'était vrai, mais je ne l'avais pas *vécu* de cette manière. Je tins à le lui préciser :

– Je voyais bien que la cote plongeait apparemment de manière inéluctable. Mais je *voyais* aussi d'autres éléments sur mes indicateurs. Éléments qui, je m'en rends compte aujourd'hui, n'existaient qu'en partie. En tout cas, mon analyse technique ne pouvait selon moi qu'annoncer une remontée imminente du cours. Ce qu'il a fini par faire d'ailleurs, mais juste un peu après que je ne l'avais prévu. Après que j'ai tout perdu. Ce qui confirme bien que j'ai été victime d'un *bull trap*.

Yungan Lama me sourit, et repris :

---

1. *Bull trap* signifie littéralement « piège à acheteurs ». Le marché baisse violemment, invalidant soudainement vos analyses, pour manipuler les acheteurs qui, pris de panique, vendent. Le marché remonte ensuite aussitôt, comme un bouchon que vous lâchez sous l'eau. Inversement pour un *bear trap*.

– Avoir raison trop tôt équivaut, on ne le dit jamais assez, à avoir tort. De plus, n'oubliez jamais que la dissonance entre croyance et réalité est l'ennemi le plus redoutable de qui veut gagner en Bourse ! C'est un peu comme si nous ne parvenions pas à détacher notre attention des pièges que peuvent nous tendre nos sens et notre intelligence.

– Se pose donc le problème de notre perception de la réalité, puisqu'à certains moments nous la perdons complètement de vue. Cela tout en étant en même temps absolument convaincus qu'elle nous apparaît clairement. C'est bien ce que vous voulez dire ? demandais-je à Yungan Lama.

Il hocha la tête en signe d'assentiment, avant de me répondre :

– Tout à fait ! Selon que nous *agissons* ou que nous sommes en position de *recul* par rapport aux choses, nous pouvons avoir des visions totalement différentes et mêmes diamétralement opposées du réel. Pourquoi ? Parce que nos émotions et nos sentiments influencent profondément notre jugement. Or, il est évident que c'est au cœur de l'action que nous éprouvons le plus d'émotions.

– Et trader, c'est avant tout *agir*, c'est le moins que l'on puisse dire ! ajoutai-je.

– Si l'on veut vivre des émotions intenses et être en permanence sous pression, c'est ce trading qu'il faut choisir, vous avez raison ! Celui de l'action tous azimuts. Mais il y a un trading plus efficace. Et surtout plus sûr ! conclut Yungan Lama avant d'ajouter :

– Je tiens à vous préciser un point très important, John. Durant toute votre initiation qui vient de débuter, je ne vous parlerai quasiment jamais d'indicateurs techniques. Le RSI, les moyennes mobiles, le MACD, le stochastique et tout cela, vous le trouverez bien expliqué dans de nombreux ouvrages traitant du sujet. Ce n'est pas que j'en nie l'importance, mais un trader qui veut des gains récurrents doit avoir quelques autres cartes en mains. Bien plus essentielles... et bien moins connues.

Je ne pouvais qu'être d'accord et lui répondis :

– Personnellement, j'ai étudié et utilisé les outils de l'analyse technique pendant plusieurs années. Ce qui n'a pas empêché ma ruine. C'est donc que visiblement je n'ai pas saisi le « cœur du trading ».

– Voilà qui est bien dit, John. Vous n'avez pas saisi le cœur du trading, tout comme d'ailleurs la plupart des intervenants qui végètent sur les marchés. C'est donc avec le cœur – et la raison en accompagnement – que nous allons ensemble mettre les pendules du trading à l'heure de la vérité.

« Mettre les pendules du trading gagnant à l'heure de la vérité. » Comme c'était clairement dit ! Yungan Lama poursuivit sur un point qui lui paraissait sans doute un des facteurs de réussite des plus essentiels :

– Voyez-vous, en trading comme dans la vie, nous nous heurtons à deux obstacles majeurs : l'impossibilité dans laquelle nous sommes de prédire l'avenir et les fluctuations inconscientes de notre perception du réel.

Eh bien, il faut nous préserver de l'impact émotionnel négatif de ces deux obstacles. Il ne s'agit pas de les éliminer, nous n'y parviendrons jamais. Mais de réduire leur impact. Il vous suffit pour cela de cesser de souhaiter avoir le contrôle sur les événements, mais d'aller plutôt vers une ouverture d'esprit innovante.

Stupidement, je lui posai une de ces questions qui vient spontanément à l'esprit alors que la réponse est pourtant évidente :

– Pourquoi n'arriverons-nous jamais à nous débarrasser de l'impact négatif de ces deux obstacles ?

Il posa sur moi un regard marqué d'un soupçon de reproche, avant de me répondre :

– D'une, parce nous ne pourrons jamais nous empêcher de vouloir lire l'évolution des cours par avance, et de deux, parce nous ne pourrons jamais empêcher notre cerveau d'interpréter la réalité. Inutile par conséquent de nous battre contre des moulins à vent ! Mais une telle question n'a pas sa place dans votre bouche, John. *Pas vous !*

J'étais vexé. J'avais visiblement dit une bêtise. Mais j'étais encore plus piqué au vif par son mystérieux « Pas vous ! » qui m'intriguait de plus en plus. Par provocation, je rétorquai :

– Je n'ai rien d'exceptionnel, vous savez ! La preuve, je viens de poser une question idiote ! Alors, vous voyez bien...

Sans tenir aucun compte de ma remarque, il répliqua à son tour :

– Vous êtes beaucoup plus exceptionnel que vous ne le pensez. Vous finirez par l'admettre un jour. Mais pour le moment, ce n'est pas le sujet qui nous occupe. Ce qui nous intéresse actuellement, c'est de trouver un moyen de nous préserver des aléas d'un futur imprévisible et des tours que nous joue notre cerveau en nous persuadant de réalités qui n'existent que dans notre imagination.

Après m'avoir proposé de faire une pause que je refusai, Yungan Lama reprit, en réabordant la question des obstacles au trading gagnant, sous un angle auquel je ne m'attendais pas :

– Ne pensez jamais argent, pensez toujours *processus d'intervention*...

Je dois avouer que je ne voyais pas trop où il voulait en venir :

– Oui, et...

– Et les deux obstacles dont je viens de vous parler commenceront à réduire leur impact sur vous. Car, là aussi ne l'oubliez jamais, les opérations de la plupart des traders sont construites sur le sable des interprétations personnelles trompeuses. Ou, pire, sur des espoirs infondés. Donc, dans un cas comme dans l'autre, sur des *repères intellectuels et émotionnels totalement aléatoires*. Vous comprenez ce que je veux dire ?

– Parfaitement ! lui répondis-je.

– Votre *processus d'intervention* sur les marchés, quel qu'il soit, doit être un schéma intellectuel *défini et stable*. Il a des principes et des règles à respecter. Et vous les respecterez d'autant plus scrupuleusement que votre processus d'intervention sera en accord avec votre personnalité cachée.

– D'où l'extrême importance d'une bonne connaissance de soi et de l'entretien d'une stricte discipline, pour qui veut réussir dans le trading ! ajoutai-je.

– Oui, entre autres ! La discipline a le grand avantage de vous contraindre à maintenir votre *attention intellectuelle et émotionnelle* sur des facteurs connus et stables. Autrement dit, non aléatoires. Au lieu de stresser devant le suspens permanent des niveaux de cours qui défilent, vous veillez calmement à rester dans les limites de votre système d'intervention personnel. Je me fais bien comprendre ?

C'était clair, effectivement ! Et pour lui prouver que j'avais saisi son raisonnement, j'employai une image :

– Quand on pratique l'escalade, il est conseillé de ne pas regarder dans le vide mais un point fixe à sa hauteur, ça évite d'avoir le vertige et de prendre le risque de paniquer !

Pour toute réponse, Yungan Lama me fit un clin d'œil complice en souriant.

Cette fois j'acceptai la pause qu'il me proposa. Il se dirigea alors vers ses écrans qui se trouvaient dans la pièce adjacente restée ouverte.

De loin, j'entendais qu'il venait de passer par téléphone un nouvel ordre de 50 contrats *futures* sur le gaz naturel coté à New York, avant de me rejoindre. Sans doute était-il en train d'anticiper une soudaine remontée des cours du gaz naturel qui, selon lui, est la seule matière première dont les prix sont aussi volatils que la matière elle-même.

Il devait faire si chaud à l'extérieur que, malgré la climatisation et la fraîcheur qui régnait dans le bureau, j'éprouvais une forte impression de chaleur. Il y a des étés torrides à New York, mais je n'avais jamais connu les températures étouffantes de l'intérieur de la Californie en été.

Elles ne semblaient pas gêner Yungan Lama, qui avait adopté une attitude de méditation. Moi, par réflexe, je me servis un soda glacé qui dissipa l'impression de chaleur. Je pris soudainement pleinement conscience du point auquel notre cerveau peut nous tromper sur la réalité qui nous entoure.

Incroyable !

Yungan Lama fit alors une chose qui me laissa stupéfait. J'avais à peine terminé ma boisson quand, sans bouger, sans ouvrir les yeux, comme s'il avait senti que ma pause était finie, il me dit :

– On reprend quand vous voulez, John !

Masquant du mieux que je pus mon étonnement, je lui répondis :

– Tout de suite sera bon pour moi…

Redevenant instantanément « présent », il reprit la parole sur le thème manifestement essentiel à ses yeux :

– Renforcer, toujours renforcer ses points forts. C'est un principe clé à ne jamais oublier et, surtout, à ne jamais négliger. Nous sommes bien d'accord, John ? me demanda-t-il en fixant sur moi un regard interrogateur.

Je clignai des yeux en signe de confirmation. Après avoir hoché la tête pour exprimer sa satisfaction, il poursuivit :

– Vous comprenez maintenant pourquoi je vous ai demandé de réfléchir à votre chemin de vie. Mais qu'en avez-vous conclu ?

Je lui fis part de mes réflexions comme je me serais confié à un vieil ami :

– En me demandant de penser à mon chemin de vie, vous m'avez permis de prendre conscience que je ne savais pas vraiment pourquoi je vivais jusqu'à présent. Je ne m'étais d'ailleurs jamais posé la question. Je vivais sans but précis, par habitude. Parce que c'était comme ça et pas autrement. Et je me demande si le trading, plus *passionnel* que *rationnel*, que je pratiquais, n'avait pas pour principale raison de masquer le vide de mon existence...

– Ce n'est pas impossible, en effet. Car en tradant régulièrement, beaucoup font simplement du « remplissage », dans une existence vide de sens, commenta Yungan Lama.

– Ce que vous voulez dire, c'est que d'une certaine manière, mon trading me servait, sans que je le sache, de *raison d'être*. Il ne pouvait donc que se révéler inefficace, jusqu'à me conduire à la ruine.

– Exact ! approuva Yungan Lama, avant de me demander : Maintenant que vous le savez, avez-vous réfléchi au chemin de vie que vous désirez emprunter désormais ?

Pour y avoir réfléchi, j'y avais réfléchi depuis mon arrivée à l'ashram. Et plutôt deux fois qu'une. Était-ce à cause du décor, de l'ambiance ou de la proximité de Yungan Lama ? Mais pour la première fois de ma vie je m'étais retrouvé face à moi-même et à mes *aspirations les plus profondes*. À ce que j'attendais réellement de l'existence. C'est ce que je répondis en toute franchise à Yungan Lama.

– Et qu'en avez-vous conclu ? Me demanda-t-il.

– D'abord, que je ne suis pas qui je croyais être. Je m'imaginais jeune trader aux dents longues, consacrant son temps à des opérations boursières audacieuses et spectaculaires, parfois à de véritables raids sur des entreprises qui me semblaient porteuses. Ce n'est pas ça, pas ça du tout. En réalité, je suis quelqu'un de...

J'hésitai sur le terme à employer avant de poursuivre :

– Oui, je suis quelqu'un de très ordinaire, si vous voulez. Mon rêve serait de vivre dans une maison au bord de l'océan, de pratiquer le trading comme activité professionnelle, la voile comme activité sportive, l'écriture comme activité intellectuelle et la peinture comme activité artistique et philosophique. Le tout en présence d'une compagne. Nous partagerions une complicité certaine et profiterions des multiples plaisirs de la vie.

Yungan Lama me fixa avec beaucoup de sympathie, avant de me répondre :

– Votre chemin de vie, car ce que vous venez de décrire comme votre rêve, c'est votre chemin de vie. Peu importe ce qu'il est. La seule chose qui importe, *c'est qu'il réalise vos aspirations*. Aussi belle soit l'étiquette, seul compte le contenu du flacon. À ce propos, je vous ferai remarquer que, spontanément, vous n'avez pas mentionné l'argent parmi les buts de votre existence, le considérant implicitement comme un *moyen*, et non comme une finalité en soi.

Je réalisai alors qu'il avait raison. Non seulement je n'avais pas parlé d'argent, mais je n'avais pas pensé argent pendant les nombreuses heures où j'avais réfléchi à mon chemin de vie.

– C'est vrai ! Je n'y ai pas songé une seule seconde ! Lui avouai-je, n'en revenant pas encore moi-même.

Sur le ton de la confidence qu'on prend lorsque l'on confie un « secret » du métier à quelqu'un, il me dit alors :

– Plus vous traderez comme vous avez conçu votre chemin de vie, c'est-à-dire en plaçant l'argent hors du champ prioritaire de vos préoccupations, plus vous réussirez. Et aussi curieux que cela puisse paraître, plus vous gagnerez d'argent. Croyez-moi, John ! Il ne me faudra pas longtemps pour vérifier qu'il avait raison.

Dehors, le soleil était au zénith. Yungan Lama me désigna du doigt sa montre, en posant sur moi un regard entendu. Il était midi. La séance était terminée ! Il se leva et se dirigea vers les rangées de livres qui garnissaient tout un mur de son bureau. Il en choisit soigneusement deux qu'il me tendit en disant :

– À mon avis, ce sont les deux meilleurs ouvrages sur l'état actuel du monde, qui est bien préoccupant, soit dit en passant. J'aimerais que vous les parcouriez afin que nous puissions en parler ensemble ce soir. Et, pour demain, je vous demanderai de réfléchir à la nature de la réalité qui nous entoure. Pas d'un point de vue physico-chimique, évidemment ! Mais à propos de la manière dont nous *percevons la réalité*. Ai-je été clair, John ?

Je l'assurai qu'il s'était parfaitement fait comprendre et que j'avais parfaitement saisi le sens de sa question. Sur ce, nous décidâmes d'aller déjeuner.

Quand nous avons tous été réunis dans la salle à manger, Yungan Lama proposa, pour le soir, d'organiser un dîner-débat sur le thème : *Notre conscience collective est-elle suffisamment évoluée pour affronter les défis qui se présentent à nous ?* Cette proposition, qui portait bien la marque de l'esprit subtil de Yungan Lama, fut adoptée à l'unanimité.

Chapitre 5

L'ordre caché des coïncidences

> « Les seules choses qui sont sûres
> en ce monde, ce sont les coïncidences. »
> Leonardo SCIASCIA

Once d'or, 2 000 dollars

Terminé à près de deux heures du matin, le dîner-débat fut exaltant. Nous avions âprement discuté. Savoir si notre conscience collective était assez évoluée pour faire face aux menaces qui pesaient sur la planète fut un des grands sujets de la soirée.

Je m'étais rangé du côté de ceux qui en doutent beaucoup. Yungan Lama aussi. Les autres s'étant répartis, comme toujours dans toute assemblée, entre les optimistes quoi qu'il advienne et les sans opinion.

Malgré ce coucher tardif, je me levai tôt. En pleine forme. Je rejoignis les autres membres de l'ashram dans la salle à manger où le petit déjeuner était déjà servi.

Je m'assis à côté de Sri, avec qui nous nous étions découvert des affinités.

Il m'annonça que la température s'était nettement rafraîchie en raison d'un vent qui soufflait des sommets enneigés des Rocheuses. Nous ne serions plus obligés de passer le plus clair de la journée réfugiés sous la clim.

Autour de la table, Yungan Lama nous informa que les deux jours à venir seraient consacrés à un séminaire qu'il avait organisé à l'ashram et auquel participeraient ceux d'entre nous qui en auraient envie. En disant cela, il me fit un clin d'œil pour me faire comprendre qu'il souhaitait que ce soit mon cas. Je hochai la tête pour lui faire part de mon accord.

Plusieurs voix s'élevèrent pour lui demander quel serait le thème du séminaire. Il parut d'abord surpris, puis rit franchement avant de répondre :

– Je ne vous l'ai pas dit ? Excusez-moi, je croyais l'avoir fait ! Je devais être absorbé par mes pensées. À moins que ce soit l'âge qui me gagne...

Un murmure de protestations affectueuses démentit immédiatement cette dernière hypothèse. Yungan Lama sourit en remerciement et précisa :

– Nous parlerons de « Décider et agir sur les marchés », car j'ai pensé que cette question pourrait se révéler intéressante, tout spécialement à notre époque troublée et incertaine.

Il poursuivit :

– Ce sera un séminaire « ouvert », nous aurons des *guest stars*. Participeront à nos débats Stan T. Middleton,

© Groupe Eyrolles

économiste au MIT (Michigan Institut of Technology), David Rubinstein, rabbin à Sacramento et spécialiste du Talmud, Gregory D. Hopsgorn, scénariste à Hollywood, que vous connaissez de nom je suppose, et l'amiral Harry H. O'Connor, commandant la base navale de San Diego. Voilà, c'est tout ! J'espère que vous serez nombreux. Et en attendant, je vous remercie de votre attention.

Après des applaudissements chaleureux et un instant de silence, le murmure des conversations particulières reprit autour de la table.

Yungan Lama avait fini de déjeuner. Avant de sortir de la salle à manger, il s'arrêta à ma hauteur pour me demander :

– Cela vous dirait de tenir notre séance d'aujourd'hui en plein air après être resté enfermés dans le ranch pendant 48 heures ?

– Avec plaisir !

– Et vous n'avez rien contre le cheval ? me demanda-t-il encore.

– Absolument rien, au contraire !

C'était vrai, j'avais éprouvé un extrême plaisir au cours de la longue promenade que j'avais effectuée seul à cheval le jour de mon arrivée.

– Alors, reprit Yungan Lama, quand vous aurez terminé, rejoignez-moi à l'ancienne écurie. Vous savez où elle se trouve ?

Sri intervint, ne me laissant pas le temps de répondre :

– Je l'y conduirai, après l'avoir équipé. Parce qu'il lui faut un pantalon en cuir, des bottes et surtout un chapeau. Il fait frais aujourd'hui, mais le soleil cogne encore dur !

Cinq minutes plus tard, je le retrouvai à l'ancienne écurie. Deux chevaux avaient été préparés à notre intention. Une fois en selle, nous prîmes au pas la direction du sommet d'une colline située au nord. Après que nous l'ayons franchie, je fus surpris de découvrir une vallée verdoyante où courait une rivière au flot rapide.

Yungan Lama m'expliqua que c'était le site d'un centre important au temps de la ruée vers l'or. Le filon s'était épuisé, les chercheurs d'or étaient repartis et il ne restait pratiquement aucune trace de leur passage. La nature avait depuis longtemps repris ses droits.

Je devinais où il voulait en venir. Sa réflexion me le confirma :

– Vous vous rendez compte, John, il y a un peu plus de cent ans, il y a eu ici des centaines d'hommes et de femmes, des campements, une activité intense. Si le filon ne s'était pas si vite épuisé, il y aurait maintenant une ville moderne comme Sacramento ou de nombreuses autres villes que traverse la fameuse Route 66. Au lieu de cela, rien, une végétation dense où il n'y a pas âme qui vive et un cours d'eau rapide qui descend à gros flots des montagnes.

– Vous voulez dire que ce qui était vrai hier ne l'est plus aujourd'hui, et demain sera encore différent. Nous vivons dans un monde sans cesse en mouvement, totalement imprévisible par conséquent. C'est ce que vous avez voulu me dire ? demandai-je à Yungan Lama.

Il sourit :

– Vous avez mis dans le mille, John ! Je souhaite consacrer l'entretien d'aujourd'hui aux incessantes

© Groupe Eyrolles

fluctuations de la réalité et aux risques qu'encourt celui ou celle qui n'en tient pas compte. Dans tous les domaines de l'existence, mais tout spécialement dans celui de l'économie et des marchés financiers. Ma deuxième séance d'initiation venait de commencer.

– Les gens ont peur de l'incertitude, mais la vie *est* incertitude. Seuls celles et ceux capables d'embrasser l'incertitude progressent vers la réalisation de leurs objectifs. Le doute est un signal d'action, il ne doit jamais devenir un signal paralysant.

J'étais d'accord avec lui, mais je lui fis quand même remarquer :

– Oui, mais vous n'empêcherez pas l'être humain d'éprouver, au plus profond de lui, un intense besoin de certitudes. Elles le rassurent et le sécurisent. C'est atavique chez lui.

C'est sur un ton lapidaire qu'il me répondit :

– La recherche de certitudes est une tare dans la vie, mais plus encore sur les marchés boursiers !

Le mot « tare » m'avait heurté. Je ne le lui cachai pas :

– Je l'ai employé pour marquer votre esprit, John. Car si nous attendons d'être certains de tout pour agir, nous n'agirons jamais ou nous ne sortirons jamais des chemins battus et des routines les plus sclérosantes. À quoi j'ajouterai que les bénéfices que nous pouvons espérer de nos actions sont forcément proportionnels aux *risques* que nous acceptons de prendre. Dans un monde où les cours de la Bourse du lendemain seraient connus la veille, personne ne gagnerait jamais un seul dollar.

Yungan Lama s'était tu après ces derniers mots, toujours profondément concentré sur ses pensées. Puis il reprit le fil de son raisonnement :

– Vous savez John, il ne faut pas se faire d'illusions. Si seulement une infime minorité de personnes réussissent dans la vie, y compris dans le trading, il n'y a pas de mystère. C'est parce qu'elles sont les seules à avoir réellement compris et accepté que la réalité est *incertitude par essence*. Que l'incertitude est en quelque sorte l'état naturel, normal des choses. C'est pourquoi ils en font leur terrain d'action et ils y cherchent des opportunités, alors que la majorité des gens, eux, paniquent ou cherchent des raisons de ne pas agir. Et c'est aussi pourquoi je vous ai dit que le doute est *un signal d'action* et ne doit jamais devenir un signal paralysant.

Les propos de Yungan Lama me faisaient découvrir la réalité sous un jour totalement nouveau pour moi. Comme la plupart d'entre nous, j'avais appris à considérer l'imprévu et l'imprévisible comme des sortes de « désordres », des exceptions à la règle d'une certaine manière, venant perturber le cours habituel et normal des choses. Alors que l'imprévu et l'imprévisible m'apparaissaient maintenant comme la *norme*. Et même comme la vie. J'en fis la remarque à Yungan Lama à propos du trading :

– Les événements imprévus ou improbables apparaissent de façon systématique. Le trader gagnant est celui qui sait, à l'image d'un joueur d'échecs, avoir plusieurs options et coups d'avance. Justement parce que, pour lui, l'incertain est son milieu naturel. Il y est *adapté* par conséquent. Agissant dans cet état d'esprit, il découvre dans chaque coïncidence un message ?

– C'est exactement ça, John, dans chaque coïncidence un message ! confirma Yungan Lama, qui ajouta :

– Le cours de notre existence, nos réussites ou nos échecs dépendent du regard qu'on nous a appris à poser sur le monde. Et selon ce regard, la logique et les messages qui se cachent derrière les coïncidences nous apparaissent plus ou moins clairement.

Le soleil était maintenant haut dans le ciel. La chaleur devenait étouffante. Nous avions mis pied à terre pour nous installer au bord de l'eau à l'ombre d'un séquoia centenaire. C'est assis en tailleur, sur la berge, que nous avons poursuivi.

– John, je ne voudrais surtout pas vous donner la vision d'une réalité chaotique rendant totalement aléatoire toute forme d'action. Je prends l'exemple des marchés financiers, dans lesquels il y a moins de hasard qu'il n'y paraît. La Bourse n'est pas et ne sera jamais un casino, sauf pour les amateurs et les professionnels incompétents. Les marchés sont la rencontre entre des vendeurs et des acheteurs. Lorsque les vendeurs ont la main, le marché baisse. Lorsque les acheteurs ont la main, le marché monte. Un bon trader sait profiter des *tendances*, qu'elles soient baissières ou haussières. Parfois même, il sait les anticiper.

– Un désordre apparent cache toujours un ordre sous-jacent, fis-je remarquer.

– C'est profondément vrai. Un désordre apparent dissimule toujours un ordre sous-jacent ! me répondit

Yungan Lama qui me regarda avec, me sembla-t-il, une lueur d'admiration dans les yeux. Mais ce fut si fugitif, que je me demandai si je ne l'avais pas imaginée.

– Cet ordre caché peut cependant être trop complexe pour que nous puissions le discerner. Il nous demeure alors inapparent, malgré tous nos efforts pour le distinguer.

– Que devons-nous faire dans ce cas ? lui demandai-je.

– Introduire le *nôtre*, celui que nous avons décidé, pour établir de la cohérence là où *semble* régner l'incohérence. Le bon trader doit impérativement respecter un ordre et une discipline afin de « déconnecter » ses interventions sur les marchés des fluctuations de ses émotions.

Après un instant de silence, il ajouta :

– Cet ordre et cette discipline ont en plus le mérite de nous permettre d'appliquer avec le maximum d'efficacité la *méthode de trading* que nous avons choisie.

C'était la première fois qu'il parlait de méthode. J'espérai qu'il me dévoilerait bientôt la *sienne*, qui lui faisait gagner des fortunes sur les marchés. Une véritable martingale, à en croire l'article du *Wall Street Journal* que j'avais lu le jour de ma déconfiture.

Cette fois, j'aurais volontiers parié qu'Yungan Lama avait lu dans mes pensées. Ou alors, c'est qu'il arrive à certains hasards d'être proprement stupéfiants.

– Non, John, en Bourse, il n'existe pas de martingale. C'est une fable pour gogos. La vie est un pari. Et le trading aussi. Mais le trading est un pari qui doit absolument être rationalisé. D'où l'importance d'une méthode, de son respect scrupuleux afin, je le répète, d'éliminer le facteur d'irrationalité que représentent nos émotions. Ainsi que nous le disions tout à l'heure, trader c'est introduire de l'ordre dans un désordre apparent.

En me tenant ces propos, il me regarda fixement avec gravité, comme s'il tenait à les graver pour toujours dans ma mémoire. À mon tour, je lui fis comprendre du regard qu'il pouvait compter sur moi pour me souvenir de la leçon.

Je crus un instant qu'il allait reparler de méthode, mais il ne fit que l'évoquer en passant pour aborder un autre sujet :

– Découvrir notre méthode et la respecter avec la plus grande discipline nous permet d'adopter ce que j'appelle la position « d'observateur interne ». C'est-à-dire de témoin neutre et émotionnellement insensible des événements qui se produisent sur les marchés. Nous aurons l'occasion d'en reparler. Souvent. Car le concept d'observateur interne est à développer. C'est lui qui va nous permettre de nous détacher et de « sentir » les réalités telles qu'elles sont et non telles que nous les interprétons. Nous avons en nous le meilleur expert qui soit, si nous lui laissons l'occasion de se libérer. Cela non plus, ne l'oubliez jamais, John !

Il se leva, épousseta son pantalon, et, remontant en selle, me demanda :

– Pour notre prochaine séance, John, j'aimerais que vous réfléchissiez à la manière de vous comporter personnellement pour être l'observateur le plus objectif, le plus *émotionnellement neutre* de la réalité des marchés.

Yungan Lama attendit que je sois en selle à mon tour et nous reprîmes notre randonnée. Au galop cette fois. À deux cents *yards* environ, la rivière faisait un coude sur la droite. Après que nous l'ayons franchie, je découvris une vallée assez large où paissait un gros troupeau de vaches. Deux rangées d'arbres marquant les bords de la rivière, une bâtisse en pierres dressée à proximité de l'eau et une demi-douzaine de vachers s'activant autour d'un feu complétaient le paysage.

Yungan Lama m'expliqua que c'était l'un des troupeaux appartenant à l'ashram, gardé par des membres de la communauté que je ne connaissais pas encore, car ils ne rentraient pas au ranch pendant toute la période de pâturage. Ils logeaient dans la bâtisse en pierres, vestige bien conservé de la Ruée vers l'or.

La Ruée vers l'or !

Je soupçonnais Yungan Lama de ne pas m'avoir amené à cet endroit par hasard, mais pour une raison en rapport avec mon initiation.

Après que nous ayons mis pied à terre, Yungan Lama me présenta aux vachers. Ils m'accueillirent avec sympathie, mais aussi avec un intérêt soutenu qui, là encore, m'intrigua. D'autant que j'entendis distinctement l'un d'entre eux, pensant être hors portée de voix, souffler à ses compagnons que j'étais le *born for...*

Mon intuition ne m'avait pas trompé. Les vachers étaient prévenus de notre passage. Ils nous invitèrent à un déjeuner qui n'avait rien d'improvisé, une table avec huit couverts était dressée à l'ombre du bâtiment en pierres. Ils nous servirent le plat national américain, des steaks grillés grands comme des assiettes et des pommes de terre rôties. Le menu que servait l'armée en Irak quand les soldats avaient trop le mal du pays.

Pendant pratiquement tout le repas, Yungan Lama parla des hommes et des femmes qui, pendant la Ruée vers l'or, avaient séjourné à l'endroit même où nous nous trouvions.

Venus des quatre coins du monde, ils pensaient faire fortune en prenant seulement la peine de se baisser. Alors qu'ils avaient travaillé comme des forçats, tamisant la rivière du matin au soir et sept jours sur sept, dans l'espoir presque toujours déçu de trouver quelques rares pépites du métal que Yungan Lama voyait culminer autour de 2 000 dollars l'once avant 2017 alors qu'il oscillait depuis quelques mois autour de 1 450. C'est sans doute la raison pour laquelle Yungan Lama était, comme il disait « structurellement long sur le *gold* depuis deux ans ».

Ça y est. J'avais enfin compris le message que Yungan Lama avait voulu m'adresser en me faisant découvrir cette vallée. Le trading n'était pas un potentiel super-jackpot pour se remplir les poches. C'était un travail persévérant, rigoureux, quotidien et discipliné, qui ne laissait aucune place à la fantaisie et à l'amateurisme.

Après le déjeuner, nous rentrâmes au ranch. Yungan Lama me laissa, pour se rendre dans son bureau. « Je pense que l'heure et venue de renforcer mes positions acheteuses sur le pétrole », m'avait-il dit avant de me quitter.

Je regagnai ma chambre pour lire l'un des ouvrages de géopolitique qu'il m'avait prêtés. Mais je ne parvins pas à fixer mon attention sur le texte que j'avais devant les yeux. Je relisais inlassablement la même phrase sans en comprendre un traître mot. Le *born for* n'arrêtait pas d'occuper mes pensées. J'avais beau le retourner dans tous les sens, je ne parvenais pas à en saisir la signification cachée.

Dans les escaliers, en montant à ma chambre, j'avais croisé Sri et je lui avais demandé comme un service de me dire ce qu'était un *born for*. Il m'avait répondu qu'il était absolument désolé, mais que le grand sage me le révélerait une fois mon initiation terminée.

J'avais toujours eu horreur d'attendre et là, j'étais au supplice. Bien sûr, il m'était venu à l'esprit que c'était une épreuve à laquelle Yungan Lama me soumettait, pour m'apprendre à patienter.

Mais pour le moment, une tempête soufflait sous mon crâne...

Chapitre 6

Décider et agir sur les marchés

« Intuition. Cette faculté prodigieuse
à saisir les indices les plus subtils,
ceux que personne n'aperçoit. »
Jean-Claude LALANNE-CASSOU

Machine à trader ?

J'ai toujours aimé me lever tôt. Ici encore plus, car le temps n'est ni long ni monotone. Et puis la magie de l'aube, laiteuse et silencieuse, avant que le soleil ne surgisse dans une orgie de lumière, me fascinait.

Nous étions encore peu nombreux dans la salle à manger ce matin. Nous parlions du dîner de la veille, au cours duquel Yungan Lama avait raconté aux autres membres notre visite aux vachers.

Il avait saisi cette occasion pour aborder le sujet de notre rapport au temps, compte tenu du fait que le site avait été un haut lieu de la Ruée vers l'or et qu'il n'en restait pratiquement aucune trace aujourd'hui. Il en tirait la conclusion qu'il fallait nous souvenir de notre passé. Pour en tirer les leçons, mais surtout, pour vivre pleinement notre présent. Le « bel aujourd'hui » comme il aimait le dire.

C'est ce « bel aujourd'hui » pleinement vécu qui nous permettait de préparer et construire un avenir dont, en fait, nous ne connaissions rien. Mais dont nous pouvions tout espérer. Une discussion générale très animée s'en était suivie. Sri, d'habitude silencieux en groupe, précisa une réalité qui me marqua :

– Se souvenir du passé oui, mais sans jugement, ni sur lui, ni sur soi. Tout en portant prioritairement et spontanément notre attention sur le moment présent. Et là aussi, sans jugement, ni sur lui, ni sur soi.

Yungan Lama fit son entrée peu avant 8 heures, radieux et en grande forme. Il se prépara un citron pressé. Un rituel chez lui apparemment. Une fois attablé, il nous demanda, d'un ton enjoué :

– Alors, prêts pour ce séminaire ?

Tout le monde lui répondit en chœur, sauf moi. Je gardai pour moi que, l'esprit absorbé par le mystérieux *born for*, j'avais totalement oublié ce fichu séminaire. Pourtant nous allions aborder une question essentielle : *Décider et agir sur les marchés !*

Mais, pour l'instant, j'étais préoccupé par un problème beaucoup plus terre à terre. Je me penchai discrètement vers mon très sympathique voisin, qui était en quelque sorte l'intendant de l'ashram, pour lui demander à voix basse :

– Comment faut-il s'habiller ?

– Reste comme tu es ! C'est une réunion « ouverte » qui ne nécessite pas de tenue particulière. Yungan sera sans doute en costume par respect pour nos invités. De toute façon, nous sommes très cool, tu sais ! Sur ce, Yungan Lama, ayant fini de déjeuner, se leva de table et nous annonça qu'il allait se préparer, avant de quitter la pièce.

La salle de conférences de l'ashram était située en sous-sol. Je n'y avais encore jamais mis les pieds. Sri m'y accompagna. Parfaitement décontracté, il me demanda où je souhaitais que nous nous installions, en me confiant :

– Tu sais, moi, mon domaine, c'est plutôt les voitures, la mécanique et les chevaux. Même si j'ai certaines idées bien arrêtées sur le sens de la vie, la théorie, ce n'est pas mon fort. Je suis tout, sauf un intellectuel. Alors, pour ce qui me concerne, que je sois assis au premier ou au dernier rang, ça revient au même.

Je lui répondis que je préférais être au premier rang. Comme nous étions en avance, j'en profitai pour observer la salle de plus près. Sri me précisa que pour assister aux séminaires et aux conférences du grand sage, comme il aime appeler Yungan Lama, on venait de tous les *States*, y compris des États de « l'aristocratie » intellectuelle du nord-est.

La communauté n'avait pas regardé à la dépense pour aménager sa salle de conférences. Spacieuse – elle devait pouvoir recevoir au minimum deux cents personnes – elle était décorée avec un goût très sûr et équipée high-tech : visioconférence, matériel individuel de traduction, micros tout aussi individuels, wifi, de quoi rendre jalouse la CIA elle-même.

Seul élément du décor qui rappelait que l'on se trouvait dans une communauté bouddhiste, un immense Bouddha dressé derrière le fauteuil du *chairman*, debout, la main droite levée paume en avant en signe de bienvenue et de paix. Mais j'ignorais encore à quel point j'avais devant moi un vrai maître. Un maître à penser et un inspirateur hors du commun. Tout comme j'ignorais encore à quel point cet homme, grâce à sa méthode, avait gagné de l'argent sur les marchés boursiers .

La salle était maintenant pleine à craquer. C'est le moment que choisit Yungan Lama pour faire son entrée, accompagné de ses trois invités. Il les pria de s'installer à ses côtés sur l'estrade et prit la parole :

– Avant toute chose, je tiens à vous remercier tous d'être toujours plus nombreux à nos séminaires. C'est un grand honneur que vous nous faites et, si vous nous maintenez votre confiance, il nous faudra bientôt faire doubler ou même tripler la capacité d'accueil de cette salle. Mais aujourd'hui, je ne sais pas si tout le monde va être content de se trouver ici. Pour certains, ce sera un véritable supplice.

La salle semblait interloquée par ces propos. Yungan Lama attendit que le silence se soit rétabli totalement pour poursuivre son allocution de bienvenue :

– Je tiens également à saluer et à remercier nos invités qui ont accepté de participer à nos débats, qu'ils vont enrichir de leurs savoir-faire respectifs. C'est un grand plaisir pour moi de vous les présenter...

Il se tourna alors vers chacun des participants qu'il nomma tour à tour dans l'ordre protocolaire : Monsieur le rabbin David Rubinstein, qui nous donnera le point de vue spirituel et éthique des questions que nous aborderons ; Monsieur l'amiral Harry O'Connor, Commandant en chef de la base navale de San Diego, qui nous apportera, lui, l'opinion du décideur et de l'organisateur qu'il est ; Monsieur Stan Middleton, professeur d'économie au MIT, qui nous apportera non seulement son avis d'économiste, naturellement, mais qui nous parlera également de l'évolution de l'économie mondiale à moyen et long termes. Sujet du plus haut intérêt, vous en conviendrez tous ! Et, enfin, Gregory Hopsgorn, le célèbre scénariste que vous connaissez tous. Il éclairera nos débats de son imagination et de sa créativité jamais démenties.

Chaque invité avait été applaudi. Le séminaire pouvait commencer.

C'est un membre de l'assistance n'appartenant pas à la communauté qui entama les débats, après s'être présenté :

– Jess Carey, de Las Vegas. Pourquoi avoir intitulé ce séminaire « Décider et agir sur les marchés » ? Pourquoi préciser : *sur les marchés* ? Décider et agir est une question universelle. Elle concerne chaque être humain dans tous les domaines de l'existence, et pas uniquement les marchés financiers.

Il revenait évidemment de droit à Yungan Lama de lui répondre :

– Nous sommes totalement d'accord. Et je vous remercie de le souligner par votre question. D'ailleurs je n'aurais pas omis de rappeler ce point essentiel, même si c'est spécialement vrai pour les marchés financiers et donc, pour les décisions de gestion de votre argent. Mais ce que nous dirons aujourd'hui et demain ira au-delà et s'appliquera à *toutes* les activités humaines. Et là je parle sous l'autorité du professeur Middleton...

En disant cela, il tourna le regard vers ce dernier, qui hocha la tête en signe d'assentiment, et poursuivit :

– Je ne vous apprendrai rien en vous disant que nous vivons actuellement, probablement pour une longue période, une accumulation d'hypercrises : financières, avec les monnaies ; boursière, avec l'augmentation vertigineuse de la volatilité ; alimentaire, avec des denrées céréalières de plus en plus chères ; et politique, avec des États de plus en plus endettés. Hypercrises qui ont par conséquent les répercussions que tout le monde constate sur les marchés boursiers. Lesquels ne seront pas sans effets sur l'avenir de notre économie, donc sur notre avenir à tous. C'est pourquoi j'ai donné ce titre au séminaire qui nous réunit aujourd'hui.

– Mais n'est-ce pas aussi parce que vous gagnez énormément d'argent en Bourse, ainsi que l'a révélé récemment un article du *Wall Street Journal* ? demanda quelqu'un d'autre dans la salle.

Yungan Lama réagit à la question en souriant. Il y répondit sereinement, sans être gêné en quoi que ce fût :

– Ce n'est un secret pour personne. Je n'ai jamais caché que je gagne beaucoup d'argent grâce à mes activités boursières. Comme je revendique haut et fort que je consacre une partie non négligeable des sommes que je gagne à des communautés d'exilés tibétains, la mienne comprise, et à des ONG. C'est pour moi un devoir. Et je pense que chaque être humain vivant sur terre devrait choisir une cause digne, dans laquelle il s'implique, pour le plus grand bien de tous.

La salle applaudit, tout comme l'interpellateur de Yungan Lama. Gregory Hopsgorn prit la parole pour ajouter :

– Ce qui me paraît le plus important, c'est qu'il faut en finir, ou du moins qu'il faudrait en finir, avec un certain état d'esprit qui assimile toute personne qui trade en Bourse à un abominable spéculateur qui ne pense qu'à gagner de l'argent. Et qui, en plus, mettrait l'économie en grave danger. Ce n'est pas ça du tout ! Les fonds investis en actions peuvent servir aussi au développement des entreprises, donc au développement de l'économie. Et il me semble normal que les gens qui prennent des risques en investissant espèrent en tirer un bénéfice.

L'assistance approuva et le professeur Middleton confirma en donnant son avis technique d'expert en économie.

Quelqu'un dans la salle posa alors une question qui me parut marquée au coin du bon sens :

– Ne pensez-vous pas que la tendance actuelle à maximiser les rendements offerts aux actionnaires, les dividendes autrement dit, risque de jouer un rôle anti-économique à long terme, en introduisant un facteur d'incertitude dans le financement des entreprises, parce que les marchés sont devenus trop volatils ? Je prendrai pour seul exemple le fait que la cotation des actions de certaines sociétés est parfois sans rapport avec leur santé économique et financière.

Yungan Lama laissa le soin de répondre au professeur Middleton :

– Pour intervenir avec succès sur les marchés boursiers, vous devez « coller » à la réalité économique et tenir compte, certes du court terme, mais aussi du *news flow* qui vous donne une indication sur le moyen terme. Je dis bien le moyen terme. Car sur le court terme, le marché, souvent, ignore les nouvelles macro et microéconomiques. Du reste, contrairement à ce que croit la majorité, je fais partie de ceux qui sont convaincus que les placements à court ou moyen terme sont souvent les plus prometteurs en matière de gains. Les marchés sont myopes sur le futur éloigné. C'est ce qui explique la myopie dont vous faites allusion. C'est pourquoi, choisir le bon *timing* est le secret de tous ceux qui réussissent brillamment.

Yungan Lama en profita pour reprendre la balle au bond :

– Choisir ! Voilà un verbe qui nous amène directement au thème de notre séminaire : *Décider et agir sur les marchés*. Parce que pour décider une prise de position, il faut évidemment l'avoir d'abord choisie ! Le marché n'a aucune personnalité, n'éprouve aucun sentiment, ni aucune émotion. Il n'est ni cruel, ni généreux. Il ne fait pas de cadeaux et ne punit pas. C'est pourquoi, et je tiens à le souligner deux fois, une perte ne doit jamais être assimilée à une injustice, mais simplement aux conséquences de mauvaises prises de décisions. Donc, posons-nous la question : « Comment *bien* choisir les positions qu'on va adopter ? »

Sri, peut-être parce qu'il s'ennuyait ferme, tenta une réponse :

– Moi, j'achèterais des actions d'entreprises connues dans le domaine de la santé. Des placements pépères, quoi ! Comme ça, je pourrais dormir tranquille.

C'est le professeur Middleton, approuvé par un signe de tête par l'amiral O'Connor, qui lui répondit :

– Les entreprises les plus connues et les prévisions les plus confortables ne sont généralement pas les plus lucratives. Tout comme les gens les plus agréables, doux, souriants, ne sont généralement pas les plus sincères.

Et sur un ton plus solennel, le professeur Middleton ajouta :

– Sortez de votre zone de confort si vous voulez réussir !

– Pleinement d'accord ! confirma Yungan Lama.

Sri, estimant que sa contribution aux débats du séminaire était largement suffisante, ne répondit rien. Et je supposai que, pour tromper son ennui, il allait désormais consacrer ses pensées à ses chevaux. C'est une réflexion qu'il me souffla à l'oreille qui me le donna à croire :

– La prochaine fois, tu monteras un anglo-arabe. Tu l'apprécieras beaucoup plus, crois-moi !

Sri ne sera jamais un grand trader. Ce n'était d'ailleurs pas son ambition.

Jusqu'à présent, le débat n'avait pas réglé le problème du choix. Le rabbin Rubinstein fit alors une remarque particulièrement intéressante :

– Quelle que soit notre activité, il nous faut accepter un paradoxe pour pouvoir choisir : *nous devons surmonter la peur du changement et la peur de perdre*. La meilleure manière d'y parvenir est d'affronter le changement et de laisser les pertes nous enseigner. On tire plus d'un échec que d'un succès. Mais il faut aussi savoir tourner la page et ne pas laisser le passé intoxiquer nos décisions et donc notre avenir.

Yungan Lama exprima le même avis :

– Totalement d'accord. Le passé doit être une lanterne qui éclaire un peu notre route, et non un prétexte à nous juger nous-mêmes ou à juger quoi que ce soit d'autre. *Primo*, parce que, justifier nos erreurs empêche d'en tirer les leçons constructives pour l'avenir. *Secondo*, parce que ce ne sont jamais les autres ou les marchés qui sont responsables de nos erreurs. Perdre du temps à accuser les autres ou les circonstances est le meilleur moyen de végéter dans la vie.

Dans la salle, un homme d'une quarantaine d'années demanda la parole :

– Tom Anderson, de Chicago. Malgré toutes les leçons que nous pouvons tirer de notre passé, toutes les informations que nous pouvons recueillir des médias, toute notre expérience, nous n'aurons jamais de certitudes, surtout dans un domaine aussi imprévisible que l'économie et la Bourse. Pourtant, pour agir, il nous faut choisir et décider. Ce qui nous conduit forcément à affronter la peur de se tromper et le « frisson » du doute, vous ne croyez pas ?

Fort de son expérience d'homme de décision et d'action, c'est l'amiral O'Connor qui lui répondit en premier :

– Réussir demande un certain courage. Courage d'essayer, courage d'échouer, courage de se remettre à l'ouvrage. Et surtout, courage de persévérer même en temps difficile. Pour nous permettre d'atteindre des sommets, les émotions doivent être canalisées. Je n'ai pas dit « contrôle des émotions ». Le contrôle des émotions est un leurre. Les meilleurs traders comme Yungan Lama ont appris à déprogrammer certains *schémas internes* issus de l'éducation et des croyances populaires. Mais ils ont gardé intacts les messagers que nous envoient *nos émotions canalisées*...

Il allait poursuivre, mais un participant demanda la parole :

– Excusez-moi de vous couper la parole, mais je ne vous comprends pas très bien. D'un côté, vous dites qu'il faut canaliser nos émotions et, d'un autre, que leur contrôle est un leurre. N'y a-t-il pas là une contradiction ?

La réponse ne se fit pas attendre :

– Nous ne pouvons pas nous empêcher d'éprouver des émotions, elles sont plus fortes que nous. Prétendre le contraire, c'est raconter n'importe quoi ! L'homme est un être d'émotion. C'est pourquoi je dis, et je redis, que leur contrôle est un leurre. Par contre, nous pouvons les réguler et les orienter comme on dompte le courant impétueux d'un fleuve grâce à un canal de dérivation. Elles agiront alors comme de précieux informateurs, des guides internes en quelque sorte.

J'intervins à mon tour :

– Par exemple, en respectant avec la plus grande discipline nos principes et notre méthode de trading, ce qui a pour avantage de nous mettre en position d'observateur interne ?

– Oui, c'est exactement ça, John ! me répondit Yungan Lama, avec un petit sourire entendu qui prouvait qu'il appréciait que je retienne son enseignement.

J'allais reprendre la parole pour lui demander des précisions sur l'observateur interne, mais un autre participant fut plus rapide que moi :

– Sam Goldenberg, de Seattle. Vous venez de parler de schémas internes. Pourriez-vous nous dire ce que vous entendez par là ?

– Nos schémas internes sont en quelque sorte des *a priori* qui nous viennent de notre éducation et dont, la plupart du temps, nous n'avons absolument pas conscience. Mais ils influencent nos décisions, donc le cours de notre existence. À un degré que nous sous-estimons largement trop souvent.

Yungan Lama, annonça la suspension de séance de la pause déjeuner.

Le déjeuner nous était servi sous un chapiteau climatisé. Yungan Lama tint à me présenter à des personnalités qu'il m'avait dit être très influentes, dont Gregory Hopsgorn, le scénariste invité d'honneur du séminaire.

Nous mangeâmes à la même table. Et nous avons parlé pendant pratiquement tout le repas des nuages noirs qui s'accumulaient sur l'économie mondiale. Des bouleversements inimaginables se préparaient selon eux. Des faillites retentissantes se profilaient à l'horizon. Mais aussi des fortunes colossales pour ceux qui auraient le nez creux.

À la fin du repas, nous échangeâmes nos cartes de visite et regagnâmes la salle de conférences, où les débats n'allaient pas tarder à reprendre.

– Le doute est le principal obstacle, je dirai même le principal parasite, du choix et de la décision. Il nous paralyse, perturbe nos actions ou rend inopérant tout plan d'action. Or les grands traders ont toujours un plan d'action. Il en va de même dans tous les domaines de la vie. Sans un plan d'action, nous sommes comme le navire sans gouvernail, allant où le vent l'emporte. Mais pour avoir un plan d'action, il faut d'abord l'avoir choisi. C'est pourquoi, je souhaite que nous parlions maintenant du doute.

Yungan Lama poursuivit :

– Il est important de préciser que le terme « doute » est trompeur, car il désigne en fait deux réalités totalement différentes. D'une part, ce que l'on appelle le doute méthodique, qui est un doute rationnel et positif en quelque sorte. Puisqu'il consiste à savoir reconsidérer à tout moment, *si besoin est*, un avis ou un point de vue. Et ce, pour l'adapter aux faits. C'est le doute des scientifiques par exemple.

Et, d'autre part, il y a le doute qui fait hésiter ou qui empêche de décider et d'agir, parce qu'on ne sait pas quelle option choisir. C'est ce doute qui paralyse. Donc, question : comment nous débarrasser de ce doute-là pour pouvoir choisir et agir ?

Un participant, un homme d'une cinquantaine d'années, demanda alors la parole :

– Terry Simson, de Los Angeles. Je suis architecte. La plupart de mes clients sont des particuliers qui veulent construire des villas dont ils me demandent de dessiner les plans. Eh bien, je ne me mets au travail que lorsque j'ai acquis la *certitude* que les plans que je vais leur proposer correspondent à leurs personnalités et à leurs véritables désirs.

Yungan Lama prit l'initiative de la réponse :

– Donc, pour vous, la certitude est l'arme absolue contre le doute. Ce qui est logique, d'ailleurs. Mais comment parvenez-vous à cette certitude ?

– Je vais chez mes clients pour connaître le décor dans lequel ils vivent. Et je parle longtemps avec eux pour les interroger sur leur mode de vie, leurs goûts et leurs préférences, répondit l'architecte.

– Autrement dit, vous vous *informez* de la manière la plus complète et la plus précise possible sur eux ?

– Oui, c'est ça ! C'est exactement ça ! rétorqua l'architecte.

– Auquel cas, ce que vous appelez certitude n'est pas du même ordre que ce qui nous fait dire par exemple que 2 plus 2 font 4 ou que le soleil se lève le matin et se couche le soir. Là, ce sont des *faits* indiscutables qui ne laissent aucune place au doute. Votre certitude est comme une *intime conviction* qui s'impose à vous, comme le ferait un *sentiment* ou une *intuition* suite à tout ce que vous avez appris sur vos clients. Une sorte de feeling, issu du fruit de votre perception après un gros travail d'analyse et de psychologie. Vrai ou faux ? demanda Yungan Lama.

– Plus que vrai ! admit l'architecte, avant d'ajouter :

– Vous m'avez fait découvrir qu'il y a certitude et certitude !

Gregory Hopsgorn, le scénariste, prit à son tour la parole :

– Puisque vous parlez d'intuition, elle est pour moi de même nature que l'inspiration, qui est mon gagne-pain. Quand j'étais jeune, je croyais que l'inspiration était uniquement le produit de notre imagination. Qu'elle jaillissait comme ça, venue d'on ne sait où. J'ai appris depuis que ce n'est pas ça du tout. Il n'y a pas d'inspiration sans connaissances acquises préalables. Pour vous donner un exemple, j'ai écrit récemment le scénario d'un film dont le producteur voulait que l'action se déroule sur un porte-avions de la *Navy*. Eh bien, si je n'avais pas passé près de deux mois sur un porte-avions pour m'informer, je n'aurais pas trouvé l'idée de l'intrigue. Pas plus que la matière du scénario. À ce propos, je tiens à remercier publiquement l'amiral O'Connor de m'avoir accordé l'autorisation d'effectuer ce « repérage » sur le *Nimitz*.

L'amiral déclara que c'était tout naturel pour un réalisateur de talent. La salle applaudit, et Sri eut un trait de génie :

– Avec moi, le problème du doute est vite réglé ! Je m'occupe des chevaux de l'ashram depuis des années. Alors, les chevaux, j'ai appris à les connaître, et pas qu'un peu. Ce qui fait que je choisis ceux que je vais utiliser selon le travail à leur faire faire. Je ne choisis pas les mêmes selon qu'il s'agit d'une simple promenade autour du ranch pour des invités, d'une longue randonnée d'endurance en hiver ou de garder un troupeau pendant toute une saison d'estive.

Ayant dit ce qu'il avait à dire, Sri se referma dans son mutisme. Mais Yungan Lama estima qu'il était nécessaire d'expliciter ses propos. Aussi, s'adressant à lui :

– Donc, grâce à tes *connaissances accumulées*, tu as élaboré une *méthode* dont l'application stricte te préserve du doute et te permet de choisir en toute conviction. C'est bien cela ?

– Oui, c'est tout à fait ça ! répondit Sri.

Pensant personnellement à la Bourse et au trading, le commentaire de Sri avait provoqué un déclic dans mon esprit. Ou bien la réalité du marché à un moment donné entre dans les possibilités d'application de la méthode qu'on a choisie, auquel cas on peut décider et passer à l'action pour trader. Ou bien cette réalité ne colle pas avec notre méthode, auquel cas on *évite d'initier un trade.*

Sur l'estrade, le professeur Middleton fit une réflexion humoristique qui confirma mon sentiment d'avoir mis le doigt sur la bonne solution, *pour moi* en tout cas :

– Les marchés sont comme une jolie femme, plus on la drague, moins elle nous donne. Mais plus nous sommes en phase, ouverts aux signaux non verbaux, sans chercher à tout prix à séduire, plus nous sommes aptes à laisser opérer notre charme et à entrer dans une sorte de « synchronicité » avec l'autre. Pareil sur les marchés. Plus nous cherchons les signaux sur les marchés, moins nous les voyons. Moins nous sommes « synchro » avec eux.

– Il nous faut *observer attentivement* les marchés sans vouloir *les interpréter* à tout prix, je suis totalement d'accord avec vous ! Dit autrement, il faut les *laisser nous parler,* mais non pas vouloir leur faire dire absolument quelque chose, précisa Yungan Lama.

Dans la salle, un participant demanda alors la parole :
– Jerry Hopkins, de Passadena. Je vous écoute avec beaucoup d'attention ! Mais à bien vous écouter, justement, quel que soit le savoir qu'on a acquis, les intuitions qui nous viennent et la méthode qu'on a choisie, il y a, et il y aura toujours, une marge d'incertitude au moment de passer à l'action. C'est inévitable.
– Si on attendait d'avoir des certitudes absolues pour agir, on ne ferait jamais rien ! lui répondit le professeur Middleton.

Jerry Hopkins ne se démonta pas et poursuivit son raisonnement :
– Il n'a jamais été question, en tout cas dans mon esprit, de renoncer à agir. Mais cette part d'incertitude irréductible a deux conséquences. La confiance qu'il faut avoir en soi pour décider et agir. Et, sauf à être complètement inconscient, décider et agir s'accompagnera toujours d'une émotion variable selon les personnes. Voire de stress. Nous sommes des êtres humains, pas des machines !
– C'est pourquoi j'ai parlé tout à l'heure du courage qu'il faut pour réussir, commenta l'amiral O'Connor.

Toujours pratique, Yungan Lama lui conseilla :
– Avant d'entrer sur une position boursière, prenez votre « température » émotionnelle. N'entrez sur le marché que si vous vous sentez émotionnellement optimal.

Puis il ajouta :
– Je vous donnerai d'ailleurs le même conseil si vous traversez une période de doute quelle qu'en soit la cause. Ainsi, avec un peu de pratique, vous ferez du stress, de l'incertitude et du manque d'action un

simple mauvais souvenir. Et vous démultiplierez votre confiance en vous en toutes circonstances. Ce qui aura, en outre, pour conséquence de vous permettre de dépasser vos limites sans effort.

La fin de la session du séminaire fut consacrée à la confiance en soi, dont Yungan Lama rappela l'importance dans toute forme d'action en général. Et dans le trading en particulier. Il en profita pour insister sur un point essentiel à ses yeux : pour avoir confiance en soi, il faut *se fier à soi*. Mais d'avantage à ce que l'on *éprouve* qu'à ce l'on *pense*.

Personnellement, je tirai deux enseignements de ce séminaire. Le rôle clé de la confiance en soi. Rôle dont je n'avais jamais douté, mais que Yungan Lama m'avait permis de découvrir sous un aspect éminemment pratique. Notamment avec la distinction entre « éprouver » et « penser ».

La principale leçon que je retenais de ce séminaire restait cependant le lien étroit à établir entre la réalité des marchés et la méthode de trading que l'on s'est choisie. Méthode qui, du même coup, occupait le cœur de mes préoccupations.

Chapitre 7

Alerte sur des mégatendances à venir

« Les Bourses ne traduisent pas l'état
des économies, mais la psychologie
des investisseurs. »
Françoise GIROUD

Piège à moutons

Parler pour ne rien dire, c'est comme marcher pour
ne pas avancer. Ce matin-là j'aurais mieux fait de
commencer par me taire, et rester assis.

Il pleuvait à verse dehors. Et comme il continuait à
faire chaud, une brume dense s'élevait du sol, limitant la vision du monde extérieur à une vingtaine de
mètres. Le ranch me faisait penser à un bateau navi-
gant dans le brouillard, symbolisant l'univers incertain dans lequel évoluait la vie.

J'entrai dans la salle à manger pensant qu'il n'y aurait encore personne. Mais Yungan Lama y était déjà,

son citron pressé à la main. Je le saluai et m'assis à côté de lui après m'être servi. Je me crus obligé de dire quelques banalités sur le temps pourri qu'il faisait. Il eut un petit sourire et me répondit :

– Oui, il pleut. Une pluie drue qui va sans doute tomber durant toute la journée. Mais nous n'y pouvons rien. Alors à quoi bon perdre notre temps à nous attarder sur des évidences que nous ne changerons pas ?

– En effet ! j'aurais dû me souvenir que l'on gagne toujours à taire ce qu'on n'est pas obligé de dire.

– Et surtout, avons-nous besoin de ce type de banalité pour renouer notre dialogue parce que nous ne nous sommes pas vus depuis hier soir ? Vous êtes jeune, John. N'oubliez jamais que la vie passe très vite et qu'il nous faut la construire. Alors ne gaspillons pas notre temps en futilités inutiles. Sauf quand elles nous font plaisir, évidemment !

Je réalisai soudainement que sa sagesse tenait essentiellement à une grande *expérience pratique* de l'existence. Une expérience que ses maîtres à penser lui avaient transmise, que leurs propres maîtres à penser leur avaient enseignée, et ainsi de suite. Mais qu'il avait également acquise en se confrontant à la vie sans *a priori*. Sans préjugés ni idées reçues. Avec pour seule préoccupation de se montrer *réaliste* et *efficace*.

Me tirant de mes cogitations matinales, Yungan Lama en vint à des considérations beaucoup plus rationnelles :

– Dites-moi plutôt ce que vous retenez de notre séminaire. Et d'abord, si vous l'avez trouvé intéressant.

Je lui répondis en toute franchise :

– S'il était intéressant n'est pas la question : il était passionnant. Et passionnant pour plusieurs raisons. En tout cas, en ce qui me concerne, il m'a énormément appris.

– Et que vous a-t-il appris en particulier ?

– Avec le recul pris depuis que je vous connais et tout ce que vous m'avez déjà enseigné, je crois que j'ai toujours mal travaillé en Bourse. Comme une sorte d'automate. Ou de somnambule, devrais-je plutôt dire.

– Soyez plus précis, vous voulez bien, John ?

– Comment m'expliquer ? En technicien. C'est ça. J'ai agi en technicien. Pur et dur. Borné par ses indicateurs. Comme si prendre une position sur un marché était une équation. Un acte purement technique. Une Bourse avec des machines sans les hommes.

Yungan Lama réfléchit un instant avant de me répondre :

– L'analyse technique est un outil qui, bien maîtrisé, permet des prévisions étonnantes. Mais elle n'est en aucun cas à elle seule le sésame pour gagner. Seule la personnalité cachée de l'intervenant – *ses biais psychologiques profonds si vous préférez* – alliée à la méthode qu'il s'est choisie peuvent constituer une assurance pour gagner de façon constante.

– Oui, j'en ai pris conscience pendant le séminaire, quand nous avons parlé de la confiance en soi et de l'impact de nos émotions. Jusqu'à présent, j'avais totalement ignoré, ou du moins très largement sous-estimé, le rôle capital que jouent l'état d'esprit et le niveau de conscience mentale du trader. Dans sa vie comme sur les marchés. Dans ses échecs comme dans ses réussites.

Yungan Lama me regarda avec insistance. Comme s'il voulait graver dans mon esprit ce qu'il allait dire :

– Un grand trader est une sorte de super-mentaliste[1] passé maître en psychologie comportementale.

– Il sait que les décisions collectives sont souvent le résultat d'un mimétisme plutôt que d'une réflexion rationnelle, ai-je ajouté, sans trop savoir pourquoi.

– C'est un peu ça, John. L'homme est un animal d'instinct, davantage poussé par la peur et le désir que par la raison et la réflexion. Et c'est encore plus vrai en groupe.

– Oui, il n'y a qu'à regarder les krachs boursiers. Tout le monde vend au même moment.

– C'est le résultat de la force émotionnelle du groupe. On ne raisonne plus. On agit par mimétisme. Pour éviter d'être en conflit avec le groupe. Pour éviter de se sentir différent. L'homme commun n'aime pas l'atypisme. Voilà pourquoi, si le groupe choisit un sens, mieux vaut le suivre pour être rassuré. Et les individus qui iront dans l'autre sens seront rares. Très rares. Vous et moi sommes de cette race-là, John. Mais aller dans le sens inverse de la masse nécessite deux ingrédients pour réussir.

Je ne voyais pas pourquoi je faisais partie de cette race, moi qui avais creusé tout seul mon tombeau financier en allant dans le sens inverse de la tendance.

---

1. *Mentaliste* s'entend ici comme une approche visant à comprendre le fonctionnement humain et plus particulièrement la conscience collective, plus proche du concept de George Berkeley, que de celui d'Henry Sidgwick qui semble avoir la paternité du mot.

Vraiment, je ne me sentais pas à la hauteur d'un Yungan Lama. Ni de près. Ni de loin. C'est la réflexion que je me fis pendant qu'il poursuivait en me parlant des deux ingrédients nécessaires pour réussir :

– D'abord, il convient de savoir être dans le bon *timing*. Autrement dit, de ne se mettre dans le sens inverse de la tendance ni trop tôt ni trop tard. C'est ce que j'appelle être *en phase avec les changements directionnels sur le marché*. Secondo, il faut savoir gérer le risque. Autrement dit, ne pas prendre des positions inverses trop importantes par rapport à votre capital. Il faut pouvoir tenir la distance au cas où le marché ne vous donnerait pas rapidement raison.

Pour être sûr d'avoir compris, je tenais à préciser ce point essentiel que j'avais lamentablement négligé lors de ma déroute :

– La perfection n'étant pas de ce monde, tenir la distance signifie que, même si notre timing n'est pas parfait, on saura attendre le bon moment en prenant des positions par touches successives. Sans jamais dépasser les limites que nous inculque notre gestion du risque. Sans jamais oublier qu'on ne peut se fier qu'à ce qu'on a. Et à ce qu'on est.

– Je vois que vous saisissez rapidement l'essence des choses, se contenta de me répondre Yungan Lama.

Dehors, il tombait toujours des seaux d'eau. Les membres de la communauté étaient maintenant de plus en plus nombreux dans la salle à manger. Yungan Lama et moi avions terminé notre petit déjeuner, quand il se pencha vers moi pour me dire à voix basse :

– Si nous avions le prochain entretien de votre initiation sur la terrasse couverte ? Nous serions au frais et à l'abri de la pluie, qu'en pensez-vous ?

L'idée me convenait, évidemment.

Sur la terrasse, il faisait on ne peut meilleur. Après nous être installés dans des rocking-chairs, nous avons repris notre entretien. Pour être précis, c'est Yungan Lama qui reprit la parole :

– Oui, je vous disais, John, que tout grand trader, avant d'être un bon technicien, est un super-mentaliste allié d'un maître en psychologie comportementale. Parce qu'il lui faut non seulement connaître à fond les techniques du trading, mais aussi se connaître *lui-même* et connaître les *autres*, leurs façons de penser, d'agir et d'interagir.

– Connaître les autres, je comprends ! Mais pourquoi *se* connaître *soi-même* ?

Il resta songeur un instant, puis répondit directement à ma question :

– Au fond, il faut être encore plus fin psychologue qu'excellent trader pour réussir sur les marchés ! Mais, pour vous répondre, je vais prendre deux exemples empruntés à mon expérience personnelle.

Il m'expliqua alors longuement que ce qui convient le mieux à chacun et qui marche le mieux ne peut être qu'un système adapté à sa personnalité propre. Il existe des techniques qui marchent, c'est certain. Mais seuls ceux capables de les adapter à leur personnalité réussissent.

Après le développement, il conclut en prenant une image qui, pour reprendre son expression, vaut mille mots :

© Groupe Eyrolles

– C'est un peu comme lorsque vous achetez un costume. Pour que vous le portiez parfaitement, il vous faut d'abord prendre la taille qui vous correspond et ensuite faire l'ourlet aux jambes et éventuellement aux manches.

Puis il ne dit plus rien, regardant une toile magnifique que j'avais déjà relevée moi-même, *Concetto spaziale* de Lucio Fontana, qu'on pouvait voir à travers l'ouverture de la fenêtre. Un immense silence s'empara du moment. Un silence qui eut l'incomparable mérite de dévoiler définitivement la force de ses idées. Yungan Lama semblait à son aise. Je lui posai alors une question qui n'était qu'un prétexte pour le tirer de ses pensées :

– Auriez-vous un autre exemple pour résumer votre pensée ?

– Oui, excusez-moi, je méditais. Nous n'avons pas une, mais plusieurs personnalités. Comme nous n'avons pas un, mais plusieurs vêtements. Celle qui est présente lors de l'ouverture d'une position sur les marchés n'est pas la même que celle qui gère cette position. De même, celui qui perd n'est pas le même que celui qui gagne.

Il poursuivit, en enfonçant le clou cette fois :

– En amour, en amitié, comme sur les marchés, la clé du succès est de savoir embrasser l'incertitude. De savoir remplir le vide sans l'encombrer de nos préjugés.

Puis il me répéta encore combien il était important au préalable, pour être en phase avec soi, avec les marchés et avec les autres, de *se* connaître. Et de *bien* se connaître de surcroît. Pour conclure, il me dit quelque chose que je n'aurais jamais imaginé entendre de la bouche d'un champion du trading :

– Vous voyez, moi par exemple, j'utilise très souvent les analyses techniques que me font d'autres personnes. Je ne suis pas doué dans ce domaine, malgré ma formation. Par contre, je sais « sentir », *percevoir l'ordre caché* dans ce que l'on me dit, dans ce que je vois, et dans ce que les différents médias distillent, souvent de manière biaisée, d'ailleurs.

Il pleuvait toujours autant, mais la brume commençait à se dissiper. Bientôt, il n'en resta pas trace et l'horizon redevint totalement visible. Comme s'éclaircissait toujours plus pour moi la conception du trading gagnant. Un point demeurait cependant flou dans mon esprit. Je demandai à Yungan Lama de le préciser :

– Vous m'avez dit que nous n'avons pas une, mais plusieurs personnalités. C'est contraire à ce que croient la plupart des gens, qui sont convaincus que nous avons une personnalité et une seule. Pourriez-vous préciser votre pensée ?

– Je vous dirai d'abord que penser comme la foule et faire ce que fait la masse permettent d'obtenir, au mieux, de piètres performances. Au pire, de rater sa vie. Si Mozart, Einstein, Edison, etc., avaient vu la réalité comme tout le monde, ils ne seraient jamais devenus Mozart, Einstein, Edison. Vrai ou faux ?

– Vrai, évidemment !

– Cela dit, vous allez tout de suite comprendre pourquoi nous avons plusieurs personnalités et non une seule. Je vais prendre un exemple. Supposons que vous preniez une photo *instantanée* d'une personne.

Vous aurez une image *unique* de cette personne saisie dans une seule de ses multiples apparences. Alors que, dans la réalité, elle est tour à tour gaie, triste, songeuse, pensive, en pleine action, immobile, en colère, pacifique. Et ainsi de suite. Or, au cours de chacun de ces états, elle pense et réagit de façon chaque fois différente. Elle est quelqu'un d'autre en quelque sorte. C'est pourquoi nous attribuer une seule personnalité revient à nous *figer* dans un seul de nos états d'âme et d'esprit. À quoi s'ajoute que notre personnalité, supposée unique, évolue en fonction des circonstances. Comme se développe et s'enrichit sans cesse *notre intelligence d'adaptation* en fonction de la richesse de nos expériences et des gens qui nous entourent. Cela vous paraît plus clair comme ça ?

– Parfaitement clair !

Il en vint alors à une conclusion qui me parut essentielle :

– N'oubliez jamais que selon notre état d'esprit nous voyons la réalité sous un *jour différent*. C'est-à-dire que, selon le cas, nous pouvons être optimiste, trop optimiste, euphorique, ou pessimiste, frileux, trop pessimiste, et ainsi de suite. Ce qui, vous l'admettrez, n'est pas sans conséquence sur la manière dont nous allons aborder les marchés et y prendre position.

J'avais parfaitement saisi sa pensée, mais je tins quand même à en avoir confirmation :

– Nous pouvons par conséquent prendre de gros risques ou perdre beaucoup parce que nous serons trop optimiste ou, au contraire, rater une très belle opération parce que nous serons en proie à un pessimisme injustifié. D'où l'importance de maîtriser la finance comportementale dont vous m'avez parlé au premier jour de notre rencontre.

– C'est tout à fait ça ! me répondit-il, avant d'ajouter :

– J'aimerais souligner un point qui me paraît très important : vous aurez peut-être l'occasion de m'entendre dire que les erreurs de trading dévoilent notre *personnalité cachée*. Globalement, c'est vrai. Mais ce propos mérite cependant d'être nuancé si on veut se montrer tout à fait précis. Pas plus que nous n'avons *une seule* personnalité, nous n'avons *une* personnalité réellement cachée. Notre façon de réagir à l'échec par exemple varie selon les circonstances et notre humeur du moment. Selon le cas, la même perte peut nous laisser totalement indifférent ou nous affecter profondément au point de perturber au plus haut point la conduite de nos opérations futures.

– C'est pourquoi il est si important de savoir *comment l'on réagit* selon différentes situations, donc de bien se connaître psychologiquement, dis-je plus pour moi-même que pour Yungan Lama, qui commenta cependant :

– Bien nous connaître, oui ! Mais sans pour autant nous transformer en robot froid et insensible. Car les émotions peuvent nous fournir des signaux extraordinaires pour la réalisation de nos objectifs, et pour entrer dans les trade gagnants.

L'un des cuisiniers de l'ashram vint sur la terrasse pour nous demander si nous avions besoin de quelque chose. Yungan Lama, qui connaissait maintenant mes goûts, lui commanda deux cafés. Une fois servis, notre entretien pouvait reprendre.

– La raison la plus importante de bien se connaître est la nécessité, je dirai même l'impératif absolu, d'adopter sur les marchés une méthode d'intervention adaptée *à sa propre personnalité*. Cela, afin de trader « à sa main » et confortablement. Avec en prime, le maximum de chances de réussir.

– Je comprends ce que vous dites, mais pourriez-vous quand même me donner un exemple ?

– Volontiers ! Imaginons que vous soyez quelqu'un qui stresse facilement, vous aurez évidemment intérêt à choisir une méthode « carrée » à options limitées et bien définies, qui vous rassurera parce qu'elle réduira considérablement chez vous le *sentiment* de prise de risques. *Idem*, si vous vous savez impulsif, anxieux ou pessimiste, par exemple. En gros, faites toujours en sorte de vous sentir dans votre méthode comme dans un vêtement taillé sur mesure.

Cette fois, j'avais bien compris sa pensée. Pour le lui prouver, je pris un autre exemple :

– Par exemple, quelqu'un qui a un petit côté aventurier et qui est tenté par le désir de faire de « jolis coups » sera bien inspiré d'adopter une méthode qui lui laissera une marge de manœuvre pour des opérations plus risquées, mais à potentiel plus élevé.

– C'est ça, John ! Vous avez parfaitement saisi. Mais, je vous le répète, n'oubliez jamais que les marchés sont par essence incontrôlables. C'est pourquoi il ne faut pas garder à l'esprit les gains ou les résultats lorsque vous entrez en position. Il faut avoir un plan d'action et le suivre. Seul le processus d'application de ce plan doit être gardé à l'esprit. Ensuite, il suffit d'agir, de mettre en branle le plan. Sans plus se poser aucune question.

– Il suffit d'y aller, quoi, dis-je…, sûr de moi.

Ce à quoi le moine répondit :

– Exactement, John. Car on ne peut pas courir et se gratter le genou en même temps. Donc, on y va. Et on y va clairement. Autrement dit, en marchand sur les jambes et non sur la tête. On évite ainsi à coup sûr les imprudences et les approximations. Deux choses que le marché vous fera toujours payer. Au prix fort.

– Mais une chose me chiffonne l'esprit, Yungan, lui dis-je, avant de préciser :

– S'il est important de bien se connaître pour être un grand trader, pourquoi est-il tout aussi important de bien connaître les *autres* ?

– Parce que cela vous donnera l'avantage d'être plus sensible à ce qui se passe chez les intervenants des marchés. Les gérants et autres traders notamment. Il faut que vous reteniez que l'impact du *news flow*, c'est-à-dire de la masse des nouvelles macro et micro-économiques, ainsi que des nouvelles géopolitiques, fait directement agir les intervenants. Souvent de façon cupide. Ou par peur. Mais généralement, à plus ou moins brève échéance, comme des moutons. Ce qui amplifie les mouvements boursiers, à la hausse comme à la baisse.

S'arrêtant un instant, Yungan Lama insista :

– L'être humain est un *animal grégaire*, ne l'oubliez jamais, John ! Et être sensible à ce qui se passe chez les autres, c'est être un « animal » à l'instinct mieux développé. Ce qui vous conférera toujours un avantage considérable.

Je lui fis part d'une réflexion que ses propos venaient de m'inspirer :

– Autrement dit, pour gagner en Bourse, il faut être aussi bon trader que fin limier en psychologie comportementale !

– Psychologie de la finance comportementale ! me répondit-il en souriant malicieusement. Puis il poursuivit sur un autre thème :

– J'aimerais à présent vous parler d'une notion essentielle au sujet des marchés. Je l'ai découverte pour la première fois en rencontrant le célèbre boursier André Kostolany. Un génie dans son domaine. Sa doctrine était fondée sur le fait qu'il y a deux catégories de boursiers qui s'affrontent en permanence sur les marchés. Ceux aux mains fortes, qu'il appelait « les téméraires », et ceux aux mains faibles, qu'il appelait « les tremblants ».

– Ce sont *les tremblants* qui sont la cause des krachs, fis-je remarquer.

– Ils sont en tout cas très présents dans les marchés en fin de hausse ou, au contraire, en fin de baisse ! Souvent indécis, pour ne pas dire toujours, ils passent en effet à l'achat en fin de cycle haussier, grisés par les performances passées. Ou à la vente, en fin de cycle baissier, dépistés par la morosité des marchés. Quand la conjoncture se retourne, les « tremblants » s'inquiètent, puis s'affolent, sacrifiant leurs positions aux « mains fortes des téméraires ». Les marchés, souvent, s'inversent dans ces moments-là. Pour déceler ces inversions de tendances, je dispose de plusieurs éléments dont nous aurons l'occasion de parler plus tard. Ils font partie de la méthode de base qui vous sera transmise, John.

– Cela signifie que nous avons encore du chemin à parcourir avant que je ne sois prêt ?

Il acquiesça d'un signe de la tête puis reprit :

– Je vais aller plus loin dans mon exemple. Il est prouvé que la plupart des traders coupent trop tôt leur position quand ils gagnent, perdant ainsi l'essentiel du bénéfice d'une tendance, comme s'ils obéissaient à l'envie irrésistible d'encaisser au plus vite leurs gains. Par contre, en sens inverse, c'est-à-dire quand ils perdent, ils maintiennent leur position très au-delà du raisonnable. Dans ce cas, c'est le désir de se refaire qui les incite à « tenir » et qui leur coûte souvent très cher. Voilà pourquoi 95 % des traders ne gagnent jamais d'argent. Ceux-là, au mieux, survivent entre pertes et profits. Au pire, ils perdent tellement qu'ils sont écœurés du trading pour le reste de leur vie.

– Dans les deux cas que vous venez de citer, fis-je remarquer, ils sont pénalisés par des « réflexes impulsifs » qui l'emportent sur leur raison. C'est précisément ce qui a causé ma perte. Je comprends mieux maintenant.

– Effectivement ! Contrairement à ce qu'on pense, l'homme est davantage gouverné par ses pulsions et ses émotions que par sa raison. Mais ça, c'est une évidence que la pensée occidentale n'est pas prête d'admettre. Vous autres, vous vouez à la raison un véritable culte, souvent démenti par les faits, souligna Yungan Lama, se référant spontanément à sa culture orientale.

– Mais alors, comment nous préserver des effets pervers de ces comportements plus forts que nous ? lui demandai-je.

– C'est l'une des fonctions de la méthode que vous allez adopter. Elle doit prévoir *quand et dans quelles conditions vous prenez une position*. Et quand et pourquoi vous y renoncez. Selon des règles que, je le rappelle encore une fois, vous devrez respecter à la lettre. En résumé, votre méthode doit représenter votre point d'ancrage à ne jamais perdre de vue.

Il observa un instant de silence, avant d'ajouter :

– John, votre méthode doit être pour vous ce que représente le compas pour le navigateur, la boussole pour l'explorateur, le radar pour le pilote de ligne... C'est-à-dire un repère sans lequel vous seriez absolument perdu et en grand danger. Tout à l'heure, je parlais de culte de la raison. Pour ce qui vous concerne, ayez le culte de votre méthode. Car n'oubliez jamais un fait évident dont on ne tient pas suffisamment compte dans le monde, quand on ne le néglige pas tout simplement.

– Quel fait ? lui demandai-je.

– Ce n'est pas tant la réalité qui compte pour l'immense majorité des gens, mais ce qu'ils *croient* savoir de la réalité. Pour réussir dans la vie et sur les marchés en particulier, il faut donc raisonner en fonction des croyances dominantes *comparées* à ce qui est réellement.

Je comprenais intuitivement ce qu'il disait, mais je voulus m'en assurer :

– Pourriez-vous préciser votre pensée ?

– D'abord, une petite anecdote pour vous donner une idée de l'ampleur du phénomène. Tout le monde apprend dès l'école primaire que la Terre tourne autour du soleil. Eh bien, cela n'empêche pas 50 % de la population de penser le contraire ! Autrement dit, que c'est le soleil qui tourne autour de la Terre. Vous vous rendez compte !

– Pourquoi, selon vous ?

– Je ne pense pas que ce soit par bêtise ou par ignorance, mais en raison de l'extrême importance du rôle joué par les *apparences* dans nos représentations mentales, c'est-à-dire dans notre façon de voir la réalité. Il est vrai qu'on a beau savoir que la Terre tourne autour du soleil, notre expérience quotidienne du parcours du soleil dans le ciel nous procure le *sentiment* du contraire. Et là encore, c'est ce sentiment qui l'emporte sur notre raison. Instructif, non ?

– Mais attendez, reprit-il, laissez-moi poursuivre mon raisonnement : je vais prendre un autre exemple, qui concerne directement les marchés financiers et l'avenir économique du monde. La plupart des gens sont convaincus que des grands pays émergents comme l'Inde et, plus encore, la Chine représentent les nouveaux pôles de l'économie mondiale. Alors que les pays développés, notamment les États-Unis et l'Europe, ont entamé un lent mais inéluctable déclin. D'où la tentation, chez eux, d'investir massivement dans les premiers, et de se montrer réservés à l'égard des seconds. C'est une profonde erreur, selon moi !

– Pourquoi dites-vous ça ? m'étonnai-je.

– D'abord, parce que c'est ne pas tenir compte d'une réalité pourtant facile à vérifier. En dépit des apparences, la Chine et l'Inde réunies pèsent 21 % de l'économie mondiale[1], pour deux milliards quatre cent cinquante mille habitants. L'Europe à elle seule pèse 26 % de l'économie mondiale, pour quatre cent quatre-vingt-onze millions d'habitants. Par ailleurs, les économies de ces deux pays notamment sont extrêmement dépendantes de l'économie occidentale, puisque ces pays sont en quelque sorte les sous-traitants de l'Occident. C'est pourquoi toute crise sérieuse qui se produit chez nous a à terme un impact économique préjudiciable sur la Chine et sur l'Inde. Sans compter d'autres problèmes structurels ou conjoncturels qui font des pays émergents des colosses aux pieds d'argile. Ne serait-ce que le fait qu'ils sont encore très dépendants de la dette américaine, dont ils sont littéralement « gavés ».

– Pourtant, la Chine semble faire pression pour la création d'une monnaie d'échange nouvelle pour justement en finir avec le dollar roi ?

– Même si le dollar est un vieil homme qui va fêter ses cent ans en 2014, ce n'est pas pour demain, croyez-moi. N'oubliez pas que les pays émergents, Chine et Inde en tête, ont adopté notre modèle de développement, qui ne pourra jamais s'étendre à l'ensemble de l'humanité, en raison d'un inévitable manque de ressources énergétiques et de matières premières alimentaires et industrielles.

Une objection, qui me parut évidente, me vint à l'esprit :

– Il n'en demeure pas moins que l'économie des pays développés est dans un état préoccupant en ce moment.

---

1. En termes de PIB (produit intérieur brut), source : FMI, oct. 2010.

– Nous vivons en effet une crise systémique. Les tendances qui existaient jusqu'ici, notamment autour de la mondialisation, sont rompues. Cela signifie que demain ne ressemblera plus jamais à aujourd'hui.

– Cela signifie-t-il que pour les économies occidentales c'est le début de la fin, demandai-je, un peu bêtement, je dois l'avouer.

– N'allez pas si vite. Le monde occidental ne va pas s'arrêter. Non. Mais les grandes tendances qui vont se dessiner au cours des dix prochaines années surprendront ceux qui n'y seront pas préparés. *Le monde n'en peut plus de surconsommer. Et tout ce système capitalo-croissant a ses limites. Du moins les ressources terrestres qui sont, elles, limités.*

– Cela me fait penser à ces gens qui, par cupidité et pour en vouloir toujours plus, ont confié leurs économies à l'escroc Bernard Madoff. Et un beau matin de décembre, ils ont été surpris de constater que leur épargne s'était évaporée, ai-je souligné.

– Excellente métaphore, John.

– Pourrait-on dire que nous sommes entrés en quelque sorte dans un nouveau cycle économique et social, dont les perspectives restent totalement inconnues ? demandai-je.

– Inconnues pour la plupart des gens. Mais pas pour nous, souligna Yungan Lama, avant de poursuivre à propos de ce qu'il nommait « la mégatendance d'un nouvel avenir » : la mondialisation telle que nous l'avons connue est définitivement derrière nous. Vous entendrez ce terme de moins en moins fréquemment dans les médias.

– J'ai l'impression que le terme devient déjà mal vu en effet depuis quelque temps, fis-je remarquer.

– Terminé à jamais en effet, la marche en avant vers une hypermondialisation. D'autre part, désormais, l'État deviendra de plus en plus présent dans la vie des individus. Prenons garde de ne pas sombrer dans l'euphorie réglementaire. Car le protectionnisme des grandes nations se développera. La démocratie en souffrira partout dans le monde.

– Ce qui conduira à des soulèvements sociaux de plus en plus vastes ? demandai-je

– Probablement, oui. Amplifiés par une perspective d'hyperinflation, qui devrait faire son grand retour avant 2020, bien que la plupart des ténors économiques et politiques s'entêtent à vouloir nous faire croire le contraire.

– Les vastes *redéploiements socio-économiques* actuellement en cours ne permettront-ils pas à l'Occident de tirer ses futurs taux de croissance ? demandai-je.

– On pourrait le croire. Mais on s'apercevra rapidement que ce n'était qu'un feu de paille. L'impact de la crise démarrée en 2008 et de la dette abyssale des États sera bien plus profond que l'on s'y attend. Les marchés seront longtemps affectés par un environnement économique peu rassurant. Contrairement à ce que tentent de nous faire croire les États-Unis et leurs alliés, la grande crise à venir, liée aux développements des dettes publiques, sera plus lourde de conséquences que celle que nous avons appelée des « subprimes ». Seuls certains détenteurs de classes d'actifs tangibles et certains investisseurs particulièrement informés tireront leur épingle du jeu. Nous en serons vous et moi, mon cher John. Et gardons à l'esprit que la grande vague de baisse des Bourses sera plus ample que la précédente. Mais probablement pas avant 2013.

Je demeurais interrogatif. Cela devait se voir, car Yungan Lama poursuivit :

– Toutes celles et ceux qui savent préparer l'avenir ont de beaux jours devant eux. Des opportunités formidables sont à saisir dans ces marchés mouvementés. Profitons-en.

Le téléphone sonna à ce moment-là. Yungan Lama décrocha, écouta son interlocuteur, le remercia, raccrocha et, se tournant vers moi :

– C'était la cuisine. Le chef nous propose de nous faire monter deux repas. Ou préférez-vous que nous allions déjeuner dans la salle à manger ?

Je lui avouai que ma préférence allait à la seconde proposition.

À cette heure-là, la salle à manger était vide. On avait fait dresser deux couverts à notre intention. Au menu, poulet grillé, frites et salade verte. Le chef avait beau être tibétain, il avait attrapé le virus de la cuisine *yankee*. À peine attablés, nous reprîmes notre entretien. Nous, c'est le virus du trading qui nous avait contaminés.

Une question me brûlait les lèvres :

– En attendant, sur quelle valeur investir ?

Yungan Lama réfléchit un instant avant de me répondre :

– Je pourrais vous recommander de miser sur les matières premières, les énergies fossiles, les productions alimentaires, par exemple. Ce sera probablement un bon placement à long terme. Mais supposez que nous assistions à une durable récession à l'échelle mondiale, de tels placements perdraient alors indubitablement une grande partie de leur valeur.

– Est-ce une éventualité que vous estimez probable ?

– Comme je vous l'ai dit tout à l'heure, le monde est en train de vivre une mutation profonde qui bouleversera toutes les données passées. C'est pourquoi je pense que la meilleure approche est celle qui consiste à gérer à court et moyen termes, en profitant des tendances actuelles des marchés.

– C'est-à-dire ?

– D'une part, éviter de vouloir faire des prévisions à plus de 2/3 mois. D'autre part, préserver une partie de son argent en le mettant à l'abri de la masse monétaire. Je m'explique : l'argent papier pourrait soudainement perdre une grande partie sa valeur. Pour se protéger de cette éventualité, il faut posséder de l'or physique pour au moins un quart de tous ses avoirs. Ou de l'argent physique, le sylver pour être précis. Cela permettra de traverser une grosse crise monétaire. Et si vous ne possédez pas votre résidence principale, investissez en l'acquérant dès que vous le pourrez. C'est votre cocon. L'abri du cœur de votre vie.

– D'autre part, poursuivi Yungan Lama, il faudra « surfer » sur les marchés en fonction de leurs fluctuations à la hausse comme à la baisse, en profitant de la volatilité lorsque le Vix[1] atteint ou dépasse le niveau de 23/28 pour la vente, ou 15/18 pour l'achat.

---

1. Vix : indice qui mesure le niveau de volatilité des marchés.

– Pourriez-vous m'en dire un peu plus concernant la notion de « surfer » en fonction des fluctuations des marchés ? demandai-je.

– Bien sûr ! Les marchés et les intervenants en Bourse sont et seront de plus en plus souvent nerveux et sur le qui-vive. Une des mégatendances à venir sera la mégavolatilité. Vous verrez donc fréquemment des journées à plus ou moins 1 %. Ce qui aura pour conséquence des corrections *réflexes prévisibles*. Dès qu'une hausse atteint un certain seuil, elle est corrigée par une baisse, et vice versa. Il en découle ce qu'on appelle la volatilité. Ainsi se créent des opportunités qu'il faut savoir saisir, en profitant justement de cette volatilité. Mais nous approfondirons cet aspect un peu plus tard, si vous le voulez bien, John.

Je souhaitais élucider un point qui me travaillait depuis un moment déjà.

– Comment être sûr de ce qu'il convient de faire pour nous protéger face à un avenir de plus en plus incertain ?

Il me répondit en se servant une copieuse portion de frites :

– Ne vous fiez par trop à ce que racontent les médias !

– Vous pensez que ce qu'ils disent n'est que de l'intox volontaire ?

– Volontaire, non ! Et pas toujours de l'intox non plus. En fait, ne serait-ce que par souci de l'audience, ils annoncent au public ce qui est *censé l'intéresser selon eux*.

– Alors, comment découvrir la réalité qui se cache derrière les apparences ?

– Prenez connaissance de l'information dite sérieuse sur l'état du monde et son évolution : articles de fond, livres de référence, documentaires, thèses universitaires, conférences. Mais ne les prenez pas pour la Bible. Laissez-les *décanter* en vous. Et fiez-vous ensuite à ce qu'ils auront forgé dans votre esprit. C'est-à-dire à votre *opinion personnelle*.

Il marqua un moment de silence, comme pour mieux appuyer ce qu'il allait dire.

– Vouloir savoir conduit à croire. Prendre connaissance, sans *a priori*, des différents et nombreux points de vue conduit à savoir. Celui qui ne cherche pas à savoir, mais qui prend plaisir à découvrir, apprend et *sait vraiment* !

Et après s'être levé, me regardant, les mains à plat sur la table, il ajouta :

– Se connaître soi-même et connaître les autres est indispensable pour réussir dans le trading. Mais c'est vrai aussi dans toute forme d'activité humaine. Et même en amour, pour former un couple épanoui, ce qui sera toujours un plus dans la vie d'un trader.

L'amour et le couple… j'avais perdu de vue que cela existait encore. J'étais célibataire depuis si longtemps. Je me mis un instant à rêver à la femme de ma vie. Je ne sais pas si c'était un signe, mais certaines coïncidences sont troublantes.

Mon esprit commençant à s'égarer, ma séance d'initiation du jour était manifestement terminée, Yungan Lama me sortit la tête des nuages en me disant :

– J'allais oublier de vous prévenir que nous nous absenterons, vous et moi, demain toute la journée. Un déplacement intéressant, vous verrez !

Mais il ne précisa pas quelle serait cette destination. Omission involontaire ou volontaire de sa part ? Je penchai plutôt pour la deuxième hypothèse.

Intuitivement, je devinais qu'il voulait m'initier à me préoccuper des choses quand elles viennent, au lieu de toujours vouloir prévoir ce qui souvent n'arrive pas. Aussi, je me gardai bien de lui poser toute question sur le programme de la journée du lendemain.

J'allais consacrer le reste de l'après-midi à lire, dans ma chambre, l'un des livres que Yungan Lama m'avait prêtés et qui avait pour titre *L'aigle dans les cieux est roi*.

Chapitre 8

Le miracle de la proportion divine

« Quand l'argent précède, toutes les portes
s'ouvrent. »
William Shakespeare

Leonardo 1452-1519

Cette nouvelle journée commença avec son inévitable cortège de petits rituels. Quand j'entrai dans la salle à manger, Yungan Lama était plongé dans le *Sacramento News* du jour. En me voyant, il interrompit sa lecture :

– Bonjour, John ! Comment allez-vous ? Me permettez-vous de terminer l'article que je suis en train de lire ? Ce ne sera pas long.

– Je vous en prie, faites comme si je n'étais pas là !

J'attaquais mon petit déjeuner, quand il replia son journal et le posa à côté de lui. Il se versa un thé, avant de me dire :

– Je viens de lire un article sur les conséquences du dérèglement climatique et l'assèchement d'une partie de la planète. Ces phénomènes n'en sont qu'à leur début. Au train où vont les choses, ça risque de prendre une tournure dramatique à brève échéance.

– Que voulez-vous dire par là ?

– Que la terre devient comme de la cendre. Pourtant, il y a dans le sous-sol du désert éthiopien des réserves d'eau extraordinaires. Cent milliards de dollars seraient nécessaires pour que tous les habitants de la planète aient de l'eau en quantité suffisante. Et avec quelques dizaines de millions de dollars par an, on pourrait déjà changer la vie de millions d'hommes et de femmes. Comme par hasard, cet argent, on n'arrive pas à le trouver. Pourtant, la crise financière dite « des subprimes » a coûté à elle seule 787 milliards de dollars ! Vous entendez bien, John, *sept cent quatre-vingt-sept milliards* de dollars ! Perdus. Envolés. À cause du travail d'un certain nombre d'incompétents, qui sont encore à leur poste pour la plupart.

J'étais consterné par ce que je venais d'entendre. Et Yungan Lama de poursuivre :

– Nous sommes dans un état d'abandon de la solidarité internationale, comme l'a dit avec clairvoyance l'économiste français Jacques Attali. Les réserves d'argent frais sont de 7 000 milliards de dollars. La majeure partie est engagée sur les marchés financiers. C'est d'ailleurs pourquoi je trade. Par esprit de justice. Pour prélever une sorte de dîme sur les marchés et la reverser en partie à des organisations qui œuvrent en faveur de la sauvegarde de la planète et de ses ressources vitales. Comme Greenpeace ou le WFF (Fonds mondial pour l'alimentation) par exemple.

Il finit son thé, avant d'ajouter :

– Du reste, quand vous aurez saisi tous les contours de ma méthode de trading – parce qu'*à vous* je pourrai la révéler – il conviendra de reverser une partie de vos gains à des œuvres d'intérêt collectif. Sans oublier que les dons les plus utiles sont ceux qui durent. Mais de cet engagement, nous en sommes déjà convenus lors de notre première rencontre. Ne revenons pas dessus.

En le remerciant de la confiance qu'il me témoignait, je lui assurai que mon engagement serait tenu. Sans concession.

– On y va ?

– Quand vous voulez !

Devant le ranch était stationné un 4×4 Porsche Cayenne gris argent flambant neuf. Yungan Lama m'invita à m'installer du côté passager. Lui-même se mit au volant. Il ne me fallut pas longtemps pour constater qu'il avait une conduite sport. Très sport même. Décidément, cet homme ne collait absolument pas à l'image que l'on se fait habituellement d'un moine bouddhiste.

Et je n'étais pas au bout de mes surprises !

Tout en conduisant, il revint à un thème qui lui était cher :

– Le secret du trader efficace consiste, outre à développer son « feeling de marché », à mettre en place des *règles* et des *plans de trading*. Ne pas avoir de règles et ne pas suivre son plan, conduit inévitable-

© Groupe Eyrolles

ment à l'échec. C'est pourquoi, je vous le répète, il ne faut pas se focaliser sur les résultats. Mais sur les étapes. Autrement dit, sur le processus qui conduit aux résultats. Voilà *l'apanage* des grands traders, des grands sportifs et des grands artistes.

Nous croisâmes un troupeau de vaches encore plus important que celui qui était au bord de la rivière aurifère. Les vachers nous saluèrent de grands gestes de la main. Yungan Lama ralentit, baissa sa vitre et les salua à son tour en leur lançant :

– Tout va bien, les champions ?

Après qu'ils eurent répondu par l'affirmative, il referma sa vitre et réaccéléra, avant de poursuivre la synthèse qu'il semblait vouloir faire de nos premiers entretiens d'initiation :

– N'oubliez jamais, John, que toute performance en Bourse repose sur une idée essentielle que je tiens à répéter : les marchés sont par essence in-contrôlables. C'est pourquoi il ne faut pas avoir à l'esprit les gains ou les résultats lorsque vous entrez en position. La seule chose qui compte, c'est d'avoir un plan et de le suivre. En le modulant si besoin. Seul le processus d'application du plan doit être gardé à l'esprit. Ce principe de base, d'ailleurs évident, est trop souvent perdu de vue. Ou tout simplement ignoré par la plupart des personnes qui opèrent en Bourse.

Nous venions de franchir les limites du ranch de la communauté et de nous engager sur la *highway* conduisant à Sacramento. Je m'interrogeai une nouvelle fois sur l'endroit de notre destination. Mais je le gardai soigneusement pour moi.

Certainement à mille lieues de ces préoccupations, Yungan Lama ajouta :

– Le trader gagnant n'attend jamais que le marché lui offre des conditions idéales. Il reste à l'affût et laisse le marché *lui montrer les opportunités.*

– Je ne comprends pas très bien la différence entre attendre des conditions idéales et laisser le marché nous montrer les opportunités.

– C'est très simple, John. D'une part, il faut savoir que les conditions idéales sont extrêmement rares. Et quand elles sont là, elles ne se présentent pas à celui qui les attend. Les opportunités, par contre, se présentent à celui qui les cherche. Car être à l'affût implique une forme d'activité. Attendre implique une forme de passivité. Ce ne sont que des mots, me direz-vous. Mais les mots sont essentiels. Comme dans la vie, les mots que vous employez dans votre langage courant sont le reflet de votre capacité à atteindre vos objectifs, et donc à déceler les opportunités qui se présentent.

Conduisant toujours aussi sportivement, mais dans le respect des limitations, il avait réduit sa vitesse et s'était calé à un 70 *miles* à l'heure. Voulait-il ainsi me rappeler toute l'importance qu'il attachait au strict respect de la discipline dans le trading ? Je ne peux pas l'affirmer, mais il en était parfaitement capable. Pour lui, l'exemplarité et les symboles comptaient beaucoup plus que la parole. Ce qui ne l'empêcha pas de me recommander :

– N'oubliez jamais non plus, John, que les traders sont ceux qui savent se tenir à leur plan de trading. Ce qui ne signifie pas forcément *tenir des positions.*

D'autre part, n'oubliez pas non plus que les traders qui pratiquent le scalp, c'est-à-dire qui font des allers-retours incessants sur des positions multiples et différentes, ne sont généralement pas les meilleurs. Les *swing traders* réussissent souvent mieux car ils prennent des mouvements plus amples. Autrement dit, ceux qui savent prendre une tendance et « surfer » sur la vague jusqu'à ce qu'elle donne des signes de retournement. Ou bien encore, attendre, pour commencer à vendre ou à acheter sur des points culminants de retournements.

Ce qu'il me disait depuis notre départ du ranch constituait effectivement une synthèse de nos premiers entretiens. J'en étais certain maintenant. Mais n'était-ce pas aussi, de sa part, une façon de me *distiller*, bribe par bribe, sa méthode personnelle de trading ?

Une bretelle de sortie était fléchée « Sacramento Airport ». Yungan Lama l'emprunta. À l'aéroport, il gara le 4×4 dans un parking souterrain, avant de se rendre dans les services du contrôle aérien. Là, on lui remit des documents, dont ce qui me sembla être un plan de vol. Avait-il également un brevet de pilote ? Possible ! Plus rien ne pouvait m'étonner de sa part.

Quelques minutes plus tard, nous étions devant un Falcon-900. Yungan Lama m'invita à y monter.

– C'est celui de la communauté. Me confia-t-il, en s'installant lui-même aux commandes. J'avais devant les yeux une preuve supplémentaire qu'il gagnait des sommes astronomiques en tradant.

Après avoir vérifié la *check-list*, il demanda l'autorisation de décoller. Parvenu à l'altitude qui lui avait été fixée, il enclencha le pilote automatique et en revint au trading.

– Je vais vous confier un secret, John, que je n'ai jamais révélé à personne. Après que je m'y sois engagé, il poursuivit :

– La croyance populaire veut que les mouvements boursiers soient les fruits du hasard. Les professionnels, les vrais – bien rares d'ailleurs – savent qu'il n'en est rien. En fait, tous les marchés financiers oscillent *autour d'un consensus de prix* plus ou moins inconscient. À croire que la majorité des intervenants se passent inconsciemment le mot pour dire où le marché ira. En fonction de paramètres plus ou moins prévisibles. Mais *seuls quelques-uns* savent décrypter cette part inconsciente, parvenant ainsi à anticiper des mouvements. Et, par conséquent, à prendre des positions à probabilité élevée de gains. C'est en quelque sorte cela, maîtriser la phénoménologie de la finance comportementale. Pour y parvenir avec le plus de précision possible, je me fais également aider de « Ichimoku Kinko Hyo ». Un outil au nom étrange, mais incroyablement puissant. Vous comprendrez pourquoi dans quelque temps.

– En clair, la maîtrise des phénomènes de la finance comportementale constitue la clé de votre succès, avançai-je.

– C'est la base, en effet. Et pas seulement pour anticiper les marchés. En réalité, en toute chose je garde présent à l'esprit que ce que l'on croit être nos propres perceptions du monde ne sont très souvent que la perception des phénomènes créés par une sorte *d'interac-*

tion réflexive entre notre conscience et le monde qui nous entoure.

– Et c'est cette interaction qui nous éclaire ou nous aveugle mentalement ? lui demandai-je.

– Pertinente définition, John. *Aveugle mental* s'adapte d'ailleurs parfaitement à la plupart des intervenants en Bourse. Voire même à la plupart des gens. Ceux que j'appelle les « moutons suiveurs ».

– Mais comment peut-on éviter d'être *des moutons suiveurs* alors que tout, dans notre société nous y encourage ? Lui demandai-je avec un intérêt emprunt de doute.

Sa réponse fut brève :

– Plus notre conscience est ouverte, *au-delà du seuil de la conscience devrais-je dire*, plus notre perception du monde qui nous entoure est pertinente. Et plus nous voyons clair sur notre propre destinée. Nous sommes ainsi hors du groupe des « moutons suiveurs » pour être dans celui des initiés éclairés. Nous en reparlerons. Vous verrez, c'est passionnant.

Ce que Yungan Lama venait de m'expliquer me fit l'effet d'une gifle. Mentale, elle aussi. J'eus soudainement conscience que j'avais jusqu'à présent vécu moi aussi comme un *aveugle mental*.

Sans me laisser le temps de répondre à mes propres interrogations, et encore moins de m'étendre longtemps sur elles, Yungan Lama allait me faire une autre confidence, encore plus surprenante. Encore plus troublante :

– Les variations du prix consensuel inconscient dont je viens de vous parler fluctuent dans des limites

qui sont, selon moi, des multiples ou des sous-multiples du *nombre d'or,* appelé aussi *nombre divin.*
Se tournant alors vers moi, il me demanda :
– Avez-vous déjà entendu parler du nombre divin, John ?
Je lui répondis franchement :
– Vaguement, très vaguement ! Il me semble qu'il était connu des architectes égyptiens, qui l'utilisaient pour assurer la parfaite harmonie de leurs constructions. Mais également des architectes grecs, qui s'en servaient dans le même but.
– C'est exact, John ! Le nombre divin est égal à 1,61803399. On le retrouve dans les proportions du Parthénon, construit par Phidias à l'époque de la Grèce antique. Mais aussi dans celles de très nombreux monuments civils et religieux. Léonard de Vinci le connaissait et l'utilisait de manière systématique, semble-t-il. Il paraîtrait que sa maîtrise du nombre divin fut un des secrets de son génie. Mais beaucoup plus près de nous, quelqu'un comme Le Corbusier y avait également recours.
C'était fascinant ! Et ce qui était encore plus fascinant, c'était que les fluctuations des marchés boursiers puissent avoir un lien avec le nombre divin. Je m'en étonnai auprès de Yungan Lama, qui me répondit :
– Le nombre divin est présent dans la nature, dans les étamines du tournesol, par exemple. Mais aussi dans les œuvres du compositeur Xenakis ou de l'auteur français Paul Valéry. Certains ont même affirmé que ce nombre était l'empreinte de Dieu sur sa Création. Ce à quoi je ne crois évidemment pas, pour ma part.

Il resta songeur un instant, avant d'ajouter :

– Je tiens à vous préciser que cette relation entre les fluctuations du marché et le nombre divin n'est *pour le moment* qu'une hypothèse de ma part. Depuis des mois, je m'emploie à vérifier si elle se confirme ou non. Les premiers résultats que j'ai obtenus me donnent à penser qu'elle est impliquée dans les aspects phénoménologiques dont je vous ai parlé il y a quelques jours. Mais je ne suis encore sûr de rien. Il me faudra un long travail pour en avoir le cœur net. La seule chose que je puisse dire actuellement, c'est que chaque fois que j'ai anticipé des mouvements boursiers qui se sont réalisés, j'ai découvert des proportions proches du nombre d'or.

Nous étions à l'approche d'un grand aéroport, que je reconnus immédiatement, tellement je l'avais vu à la télé : Los Angeles International. Yungan Lama entra en contact avec la tour de contrôle pour obtenir l'autorisation d'atterrir. Après qu'elle lui eut été accordée, il amorça sa descente avec la *maestria* d'un vieux briscard du pilotage.

Je savais maintenant que L.A. était notre destination. Ce qui me permit de prendre conscience d'un phénomène que je n'avais jamais remarqué auparavant. Il suffit, comme je l'avais fait au ranch, de *se convaincre* que l'attente à laquelle on est soumis connaîtra inévitablement, tôt ou tard, une réalité et une fin pour ne plus souffrir d'impatience. Et cela avait marché. Je rangeai soigneusement cette info dans un coin de ma mémoire, pour m'en resservir quand l'occasion se présenterait.

Si cette petite expérience ne m'avait servi que pour mon déplacement avec Yungan Lama, son intérêt aurait été limité et de peu d'importance. Mais j'avais tout de suite compris qu'elle constituerait pour moi un atout sérieux dans la pratique du trading. Ne pas être fébrile et stressé dans l'attente des cours à venir ne peut que représenter un indéniable avantage. Et je comptais bien profiter de cet avantage à l'avenir.

À l'aéroport, Yungan Lama loua une voiture. Il choisit une Ford Mustang. Je m'étonnai silencieusement de cette marque d'ostentation. Je ne sais pas s'il devina ma pensée, mais il me dit à voix basse, pour ne pas être entendu du personnel de l'agence :

– Dans cette ville, si l'on n'en met pas un peu plein les yeux aux gens, on n'existe pas. L'être humain est en général terriblement sensible aux apparences, alors ici ! Personnellement, je m'en moque totalement. Mais aujourd'hui, nous allons voir des personnages qu'il faut épater, si l'on veut compter à leurs yeux. Ils pourraient éventuellement vous être très utiles. Dans la vie comme dans le trading, il faut savoir se donner les moyens de sa politique !

Sur ce, la voiture fut mise à notre disposition. Yungan Lama se mit au volant et s'engagea sur l'une des nombreuses autoroutes à dix voies qui desservent la ville. Là encore, je me gardai bien de lui demander qui étaient les personnages influents que nous allions rencontrer. Tôt ou tard, je finirais par le savoir !

Yungan Lama prit la direction d'Hollywood et, rapidement, nous nous retrouvâmes devant l'entrée des studios de la Paramount. Il devait y être connu, car le service de sécurité ne fit aucune difficulté pour nous laisser entrer, après nous avoir remis des badges de visiteurs.

Direction le bâtiment du saint des saints, le bâtiment de la direction. Là non plus, il n'était pas un inconnu. Reçus par le grand patron en personne, qui donna à Yungan Lama du « Maître » à tour de bras, en adoptant à son égard une déférence qui me surprit. Yungan Lama me présenta à lui en me couvrant d'éloges, que je jugeai excessifs.

Après une vingtaine de minutes de bavardage, le *big boss* nous assura que nous serions toujours les bienvenus et que s'il pouvait nous être utile en quoi que ce fût, il ne faudrait jamais hésiter à le solliciter. Ce qui me permit de prendre pleinement conscience que peser très « lourd » en dollars ouvre bien des portes, quels que soient les mérites qu'on puisse avoir par ailleurs.

Yungan Lama remercia notre hôte de son accueil, après avoir décliné avec la plus grande diplomatie son invitation à déjeuner.

Apparemment, le seul but de cette visite était de me mettre en relation avec le patron de la Paramount.

Mais je constatai rapidement que ce n'était *qu'un* de ses buts. Le plus étonnant restait à venir. Une fois remontés en voiture, Yungan Lama me demanda :

– Vous avez déjà assisté au tournage d'un film, John ?

– Non, je n'ai jamais eu cette chance.

– Et bien, vous l'avez aujourd'hui !

Et joignant le geste à la parole, il prit la direction d'un de ces vastes bâtiments de la fantastique fabrique à images que constitue Hollywood, et notamment la Paramount.

On y tournait les séquences en studio d'un film d'espionnage en rapport avec la lutte antiterroriste d'après le 11 septembre, sujet qui n'a pas fini de troubler profondément l'Amérique.

Là encore, nous avons été reçus avec les plus grands égards. Le réalisateur lui-même tint à veiller à ce que nous soyons installés confortablement et au plus près du tournage. Je crus comprendre qu'il travaillait, avec Yungan Lama, à un projet de film sur les Tibétains en exil. Raison de plus pour que nous soyons traités en hôtes de marque. Ce qui fut le cas, tout le monde, du producteur aux techniciens étaient à nos petits soins.

Mais ce à quoi j'assistai alors, pendant près d'une heure et demie, me laissa un sentiment de confusion et d'incohérence. Les différents intervenants s'agitaient en tous sens. Les séquences en cours de tournage s'enchaînaient sans fil conducteur. Les acteurs faisaient une courte apparition, échangeaient quelques répliques, et repartaient dans leur loge. En bref, je ne compris rien à l'intrigue.

Pourtant, je n'allais pas tarder à savoir que ce désordre n'était qu'une *apparence*. Sans doute Yungan Lama avait-il voulu que je fasse cette expérience pour illustrer un principe essentiel du trading.

Le réalisateur nous proposa de déjeuner avec l'équipe du tournage. Yungan Lama déclina également son invitation avec grand tact, prétextant une obligation imaginée pour la circonstance.

Après que nous ayons quitté les studios de la Paramount, il prit la direction du front de mer. Il s'arrêta devant un restaurant apparemment huppé qui devait être fréquenté par le gratin hollywoodien. Ce que confirmait l'armée de serveurs stylés qui glissaient adroitement entre les tables où je reconnus plusieurs stars à la mode.

Un maître d'hôtel sérieux comme un pape, pour qui Yungan Lama n'était manifestement pas un inconnu, nous conduisit à une table qui avait été préparée à notre intention. Yungan Lama, sans consulter les cartes, commanda deux *wagyu snacké*, le très fameux bœuf qui boit de la bière et se fait masser chaque jour. Et, au sommelier, il commanda sans autre formalité une bouteille d'Opus One, millésime 1990.

En attendant qu'on nous servît, il me demanda sur quelle impression je restais après le tournage auquel nous avions assisté. Je ne lui cachai pas que j'avais éprouvé un sentiment de profonde confusion et d'un grand désordre. Il sourit, et sa réponse fut une nouvelle leçon pour moi :

– C'est ce que vous avez *cru voir*. Mais en réalité, cette incohérence apparente dissimule une méthode extrêmement rigoureuse et précise, qui a pour but de rationaliser au maximum la réalisation du film. Eh bien voyez-vous, John, le trading est comparable au spectacle auquel vous avez assisté ce matin dans les studios de la Paramount. Là où le profane croit voir des marchés dont les fluctuations n'ont apparemment ni queue ni tête, *l'initié*, lui, voit, grâce à sa méthode, un ordre logique et cohérent. Voilà pourquoi je ne cesse de dire et de redire que le trading est d'abord et avant tout une question de méthode !

J'objectai :

– Oui, mais encore faut-il que cette méthode soit efficace !

– Évidemment ! répondit-il, avant d'ajouter, sûr de lui : « Mais *la mienne* l'est ! »

Yungan Lama avait-il organisé ce déplacement à L.A. pour me parler de sa méthode, ou pour me la révéler, ainsi qu'il me l'avait promis ? Je le saurais bientôt. Ce qu'il me confia alors sembla conforter mon espoir :

– Cette méthode, je la travaille et retravaille depuis des années. Grâce à l'expérience que j'ai acquise je ne cesse de...

Il se tut, car on nous apportait notre plat. Le serveur fit son office et se retira dans la plus grande discrétion. Yungan Lama reprit :

– Je vous disais donc, John, que par mon expérience je ne cesse d'améliorer ma méthode pour la rendre toujours plus fiable. Mes gains sur les marchés en sont la preuve indiscutable. Tant et si bien que je crois sincèrement que ma méthode est devenue désormais adaptable par tout le monde. Tout le monde mais pas n'importe qui ! insista-t-il.

Ayant dit cela, il goûta son plat et, à voir sa mine réjouie, il en était apparemment très satisfait. Pour ma part, sans me désintéresser du contenu de mon assiette, il me semblait avoir relevé une contradiction dans ses derniers propos. Je ne le lui cachai pas :

– Excusez-moi, mais au cours de nos premiers entretiens, vous m'avez dit que chacun devait définir sa méthode personnelle. Et trader en fonction de sa propre personnalité. Alors que maintenant, vous me présentez votre méthode comme si elle était unique et universelle. Donc *applicable par tout le monde*. N'y a-t-il pas là une contradiction ?

Mon objection ne le troubla pas le moins du monde. Toujours d'un aplomb extraordinaire dans ses réparties, il trempa les lèvres dans son verre pour boire une gorgée, et me répondit :

– Pardonnez-moi d'en parler encore une fois, mais il se trouve que les résultats financiers que j'obtiens témoignent à l'évidence de la remarquable efficacité atteinte par ma méthode. Au point qu'on peut effectivement la considérer maintenant comme universelle. Mais pas pour n'importe qui, je le répète. Car bien qu'elle s'adapte à la personnalité de chaque trader, elle ne souffre pas la cupidité. Toute la différence est là. Bien entendu, je vous en parle à *vous* mais je ne vais pas publier ma méthode demain matin dans le *New York Times*, soyez-en certain !

Le bœuf *wagyu* était un petit chef-d'œuvre culinaire. Mais la méthode de trading de Yungan Lama demeurait de loin ma principale préoccupation. Quand il m'avait dit « Je vous en parle à *vous* », il avait volontairement insisté sur le « vous ».

Était-ce en rapport avec le fait que j'étais censé être un *born for* ? Fait supposé qui demeurait toujours aussi mystérieux pour moi. Ou Yungan Lama avait-il une autre idée en tête me concernant ? Mais

© Groupe Eyrolles

laquelle ? Cette fois, je me permis de lui poser la question. Sa réponse ne m'avança pas d'un pouce :
– Pardonnez-moi, John, mais ça, vous le saurez plus tard. Quand le moment sera propice.
Fidèle à une ligne de conduite qu'il s'était une fois pour toutes fixée, il aurait été parfaitement vain que je lui demandât de quoi dépendait ce moment propice. J'avais apparemment bien fait de ne pas insister. C'est Yungan Lama lui-même qui remit sa méthode de trading au cœur de la conversation, après avoir terminé son sorbet qu'il avait particulièrement apprécié :
– Une méthode de trading doit tenir compte des *clés phénoménologiques de la finance comportementale* dont nous avons déjà parlé. Et dont nous reparlerons. Elle doit aussi être *simple, précise et adaptable à la personnalité de l'utilisateur,* afin de devenir progressivement comme une sorte de seconde nature. Elle doit enfin comporter des principes immuables à respecter scrupuleusement.
– Quels principes, par exemple ? lui ai-je demandé.
Il poursuivit spontanément, encore plus investi dans son sujet :
– J'ai relevé dix-sept principes précis qui sont au trading ce que les fondations sont à une maison. Ils sont inspirés des principes d'or du fameux trader William Delbert Gann, qui effectua 479 opérations dont 422 gagnantes, *engrangeant ainsi une plus-value de 4 000 %.* Je vais vous les énumérer un par un. Faites-en vos règles de base. Pour moi, elles sont tellement importantes que je les connais par cœur depuis longtemps.

1. Divisez votre capital en 10 parts égales et ne risquez jamais plus d'un dixième de votre capital sur un trade. Si vous utilisez un effet de levier sur votre capital, n'ayez jamais un levier de plus de 1 lorsque vous êtes acheteur et de plus de 2 lorsque vous êtes vendeur.

2. N'exécutez pas un trop grand nombre d'opérations dans une même période de temps. C'est la meilleure façon de vous mettre en contradiction avec les règles de préservation du capital.

3. Ne laissez jamais un gros profit se transformer en perte. Lorsque vous avez réalisé un profit important à vos yeux [...], mettez un ordre stop qui vous assure de gagner de l'argent.

4. Traitez seulement les marchés liquides et actifs. Laissez de côté les marchés peu actifs et peu liquides.

5. Répartissez le risque. Faites des opérations sur deux ou trois matières premières si vous tradez ces dernières. Ne mettez pas tout votre capital sur une seule d'entre elles.

6. Mettez de l'argent de côté. Lorsque vous réalisez une série de trades gagnants, mettez de l'argent de côté sur un compte totalement cash.

7. Ne clôturez pas une position parce que vous n'avez pas la patience d'attendre. N'entrez pas sur le marché parce que vous êtes pressé d'agir.

8. N'annulez jamais un ordre stop. Si vous avez passé votre ordre stop en même temps que votre ordre d'achat ou de vente, conservez-le.

9. Évitez de rentrer et sortir du marché trop souvent.

10. N'achetez pas uniquement parce que vous pensez que le prix est bas. Ne vendez pas à découvert

uniquement parce que vous pensez que le prix est haut.

11. Traitez chaque position séparément. Si vous êtes long sur une matière première et qu'elle commence à baisser, n'en vendez pas une autre à découvert pour compenser vos pertes. Débouclez votre position ; « prenez vos pertes » et attendez une autre opportunité.

12. Ne changez pas d'avis sans avoir une bonne raison. Quand vous passez un ordre sur le marché, faites-le en suivant les règles que vous vous êtes fixées ou pour toute autre raison valable, mais ne débouclez pas votre position s'il n'y a pas de changement de tendance.

13. Évitez d'augmenter votre capital investi après une longue période de gains ou de trades gagnants.

14. Ne suivez pas l'avis d'autrui, sauf si vous êtes sûr que cette personne est une experte et s'y connaît.

15. Gardez à l'esprit que, lorsque la foule et les journaux voient le pire, on est proche d'un point de retournement à la hausse. Et lorsque l'euphorie est à son comble, nous sommes proches d'un retournement à la baisse.

16. Si vous avez des doutes, sortez du marché et n'y entrez pas si vous n'arrivez pas à déterminer la tendance.

17. N'oubliez jamais de considérer l'importance des *timings* de changements directionnels.

Je dois avouer que je n'avais pas tout saisi. Mais je préférai ne pas demander de précisions. J'étais certain qu'il les aborderait lui-même le moment venu.

Le maître d'hôtel, flanqué du propriétaire du restaurant que nous n'avions pas encore vu, vinrent nous demander si nous étions satisfaits de notre repas. Une question s'imposa à mon esprit : était-ce le moine bouddhiste qu'ils venaient honorer de leur sollicitude ou le sage milliardaire ? Bien qu'ayant une petite idée de la réponse, je jugeai charitable de penser que c'était l'un et l'autre.

Yungan Lama leur assura que tout avait été parfait. Puis, après m'avoir recommandé à eux, en leur précisant qu'on entendrait bientôt parler de moi, il leur demanda de mettre l'addition sur son compte. Il avait donc ses habitudes dans ce petit paradis du bien-manger. Une fois de plus, je me dis que le trading avait bien des avantages.

Quelques minutes plus tard, nous étions en voiture. Yungan Lama tint à me montrer les hauts lieux d'Hollywood, en faisant un détour par Beverly Hills, Hollywood Boulevard et le Chinese Theatre. Puis, il voulut me faire connaître Malibu, en me confiant que c'était un endroit qu'il aimait particulièrement. Je compris très vite pourquoi. Car, à mon tour, je fus très impressionné par cette station au bord de l'océan. Mais je ne me doutais pas encore combien ce lieu allait devenir familier pour moi d'ici quelque temps.

Au cours du vol qui nous ramena à Sacramento, Yungan Lama revint sur la question du trading. Manifestement, elle le passionnait tout autant qu'elle me passionnait. Mais lui détenait un savoir pratique que je n'avais pas. Sur ce point, entre autres, je n'étais pas à sa hauteur et il me restait beaucoup à apprendre. Je suis certain qu'il en était conscient et il ne me laissa pas le temps de m'interroger longtemps :

– Vous savez John, trader ne consiste pas à acheter des actions ou des obligations, pour les revendre et ainsi de suite. Ou à les acheter pour les garder indéfiniment comme le fait un père de famille pour placer ses économies.

– Que voulez-vous dire, je ne comprends pas très bien ? lui demandai-je.

– Je veux dire que, d'une manière générale, acheter des actions ou des obligations rapporte peu si l'on se contente de les acquérir pour les laisser dormir. Ou de les acquérir pour faire des allers-retours, c'est-à-dire des achats-ventes successifs. Et si vous voulez acheter pour garder, vous devrez en plus suivre de très près la vie des entreprises dont vous décidez d'acquérir des parts, ou des États dont vous décidez de financer la dette. Et suivre de près signifie être au cœur de l'information, ce qui, vous l'admettrez, n'est pas simple. Car le marché à quasi toujours les informations avec un décalage. C'est pourquoi, pour ce qui me concerne, je préfère me concentrer sur les indices ou les matières premières, via des contrats *futures*, cfd ou contrats options.

– Est-ce une raison suffisante pour oublier les actions ou les obligations ? lui demandai-je.

– Ne me faites pas dire ce que je n'ai pas dit. Je répète que, personnellement, ce n'est pas, sauf exception, ma tasse de thé. Il y a d'ailleurs une autre raison à cela, sans doute plus essentielle. Une entreprise ou un État peuvent se trouver en dépôt de bilan. Un indice ou une matière première ne fera jamais faillite.

– Mais n'y a-t-il pas des exceptions qui justifient qu'on regarde quand même les titres en direct ? lui demandai-je.

– Il y a une exception. Une. Qui semble toujours gagnante pour l'acheteur d'actions. Je l'ai découverte autour des innombrables études entreprises depuis trente ans. Elles montrent que lorsque les *insiders* d'une même société achètent tous, l'indication est importante pour l'avenir de l'action. Des achats massifs d'insiders, si en même temps aucun ne vend, correspondent à un fort signal d'achat. L'action surperforme ensuite.

– Mais comment je vais savoir si des *insiders* prennent position ?

– Attention d'abord à ne pas confondre *insiders* avec « initiés » tel que l'entend la loi. Ce qui est formellement interdit. Pour être un *insider* légal, il faut surveiller à la fois les volumes et les infos médiatiques sur une société. C'est cela qui peut, parfois, vous permettre de suivre le mouvement. Par contre, c'est rare et c'est surtout vrai pour des petites capitalisations.

Il s'interrompit un instant pour interroger la tour de contrôle de Sacramento sur les conditions au sol, puis reprit :

– Les meilleurs professionnels que je connais, les vrais traders, tradent sur des produits dérivés. Les contrats *futures* et les contrats *options* notamment. Sur les matières premières, certains indices boursiers, des devises, voire même des actions bien entendu.

– Oui, cela, je le sais et j'ai perdu ainsi beaucoup d'argent, lui dis-je.

Il ne sembla pas faire mine de ma remarque et poursuivit :

– En raison de leur *effet de levier* que vous n'avez pas su maîtriser. Du risque que vous n'avez pas su gérer. Car si les produits dérivés peuvent multiplier les gains que vous pouvez réaliser, ils peuvent également creuser les pertes que vous pouvez subir.

Demain, je vous montrerai concrètement cela. Car mieux vaut AGIR que de faire un long discours. Une image vaut mille mots et une expérience vécue vaut mille discours.

Chapitre 9

Ma première journée à 200 000 dollars

« L'argent ne fait pas le bonheur,
de ceux qui n'en ont pas. »
Boris VIAN

Pétrole, New York

Le lendemain de notre escapade à Los Angeles, j'entrai dans la salle à manger et je trouvai Yungan Lama comme d'habitude. Attablé devant son petit déjeuner. Frais comme un gardon. Il avait bu son citron pressé et mangé avec un bel appétit. J'avais envie de lui poser une question qui m'intriguait depuis la veille :

– Quand je suis arrivé à l'ashram, vous m'avez dit qu'il était interdit, entre autres, de boire de l'alcool. Cette règle m'a paru normale et je l'ai volontiers respectée. Mais, hier, vous avez vous-même commandé du vin – absolument sublime, du reste. N'y avait-il pas là une contradiction ?

Il sourit et me répondit :

– En apparence, cher John. En apparence seulement !

– Comment ça ? lui demandai-je, intrigué.

– Nous n'avons pas fait vœu de chasteté, ni d'absti-
nence, que je sache. Le bouddhisme, tel que je le pratique, est une philosophie qui enseigne la sagesse,
pas une religion qui impose des interdits. Il se trouve
seulement que, puisque nous sommes nombreux à
cohabiter dans ce ranch, il me paraît naturel qu'il y
ait un minimum de règles de vie commune que chacun doit respecter. Sinon notre existence commu-
nautaire deviendrait très vite ingérable. Mais pour
Thanksgiving[1], le Jour de l'an ou le 4 juillet[2] par
exemple, nous servons ici même de l'alcool à table,
bière, whisky ou vin, enfin, selon les goûts de chacun. Il était donc normal que, déjeunant hier dans
un grand restaurant, nous ne nous soyons pas sentis
obligés de boire de l'eau ou je ne sais quel soda pour
accompagner des mets aussi fins. À mon sens, c'eût
été de très mauvais goût !

Il termina ses œufs au plat, se servit de la salade de
concombre, puis poursuivit :

– Mais surtout, John, j'ai tenu à vous imposer ces
quelques règles pour vous habituer à la patience et à
la discipline. Patience et discipline qui sont indispensables dans le trading, comme elles sont indispensables dans *toute* forme d'activité humaine. Je ne vous
le répéterai jamais assez.

---

1. Aux États-Unis, journée d'action de grâce très populaire pour
   remercier Dieu de ses bienfaits. Célébré le 4ᵉ jeudi de novembre aux
   États-Unis.
2. Jour de la fête nationale aux États-Unis.

– Et, puisque nous parlons d'initiation, je vous informe que nous avons une séance ce matin.

Il me précéda jusqu'au sous-sol et s'arrêta devant une grande porte en acier. Il l'ouvrit avec une clef qu'il tira de sa poche et qui, selon moi, ne devait jamais le quitter. Je supposais juste, car il prit soin de remettre la clef dans sa poche après avoir ouvert la porte, qu'il referma derrière nous. J'aurais parié 100 *bocks*[1] que nous venions d'entrer dans le saint du saint. C'est-à-dire le lieu où il tradait. J'aurais eu raison de parier !

C'était une vaste pièce sans ouvertures sur l'extérieur, aménagée comme le poste de commandant d'une armée en campagne. Une lumière tamisée pour ne pas blesser les yeux. Aux murs, des horloges indiquant les heures de San Francisco, New York, Chicago, Londres, Hambourg et Tokyo, les principales places où il devait opérer. Sous chacune de ces horloges, deux écrans montrant en direct l'évolution des marchés concernés quand ils étaient ouverts.

Pour compléter l'aménagement de ce sanctuaire, un grand bureau, plusieurs ordinateurs, deux armoires métalliques, quelques œuvres d'art, et une machine à café. Important, ça !

Yungan Lama s'installa devant l'un des ordinateurs, connecté sur Bloomberg, et CNN sur un second écran. Puis il m'invita à prendre place à côté de lui.

---

1. Dollars en argot américain.

– Qu'évoque pour vous le sigle CNN ? me demanda-t-il inopinément.

Je lui répondis en toute franchise ce que je pensais réellement :

– Le monde vu à travers le lorgnon de l'Oncle Sam !

– Bien vu ! Mais encore ?

Je réalisai alors que la réponse était tout bêtement dans la signification du sigle[1] :

– Une chaîne d'informations permanentes, évidemment !

– Exact ! Mais la chaîne, on s'en moque ! Ce qui importe, c'est la notion d'informations permanentes. Autrement dit, d'informations politiques, sociales, économiques, écologiques, environnementales, financières, boursières. En bref, une masse de données dont il faut prendre connaissance, et qu'il est nécessaire de trier, analyser, associer, classer, répertorier, mémoriser, *and so on and so on*. C'est-à-dire un travail énorme de tous les jours, si l'on veut trader sérieusement et, surtout, efficacement. J'appelle cela m'imprégner du *news flow*[2], me répondit-il.

Il écouta attentivement le point de vue d'un expert en géostratégie sur l'évolution probable des dépenses militaires américaines au cours des années à venir, *marché important s'il en est*, puis enchaîna :

– Certains disent que la Bourse est un jeu, une sorte de « loto pour riches ». Je ne suis pas d'accord du tout ! Faire de l'argent sur les marchés, c'est un travail, pas un jeu. Si vous venez sur les marchés pour

---

1. *Continued News Network* : littéralement, chaîne d'informations en continu.
2. *News flow* : flux des informations.

« jouer », vous avez perdu d'avance. Travailler avec des produits à fort effet de levier, comme les contrats sur *futures* ou les options, implique de passer par des étapes d'apprentissage plus ou moins difficiles selon les individus.

C'était l'occasion ou jamais ! Je tentai le tout pour le tout, puisqu'il venait de parler de différences entre les individus. Sur un ton neutre, comme s'il s'agissait d'une demande de précision dépourvue d'importance, je l'interrompis pour vérifier s'il confirmerait une intuition que j'avais eue à notre retour de L.A. :

– Mais c'est quand même plus facile pour un *born for*, non ?

– Évidemment ! me répondit-il spontanément, sans réaliser qu'il venait de se couper et de me livrer pour partie la solution de l'énigme qui m'intriguait tant. D'ailleurs, il poursuivit son propos comme si de rien n'était :

– C'est pourquoi les bons traders sont aussi rares que les bons coureurs de Formule 1. N'est pas Schumacher qui veut ! Vous imaginez facilement toute l'énergie et toute la patience qu'il devait consacrer à son entraînement du temps de sa carrière. En ce qui concerne la patience, je prendrai deux exemples pratiques. En premier, celui de la construction d'une position acheteuse ou vendeuse sur les marchés. Elle ne se fait pas en bloc, comme on achète en une seule fois dix paquets de chewing-gum pour les avoir en réserve. Mais par niveaux de prix successifs. Il faut savoir patienter pour acheter ou vendre à découvert au moment opportun. Sur des niveaux clés. Tout en ayant une bonne hygiène du risque.

Visiblement, j'émettais quelques couacs dans la compréhension de son discours. Patiemment et méthodiquement, il enfonça le clou :

– Supposons que vous anticipez que tel ou tel marché va se retourner à la baisse. Mais après vos premières ventes, ce mouvement tarde un peu. Si vous ne voulez pas courir le risque de perdre, il vous faudra avoir la patience d'attendre que ce retournement donne des signes concrets. Donc, vous devrez construire votre position en ayant un *money management* rigoureux. Et un plan de trading précis sera votre allié durant ces phases de prises de positions.

Là, je comprenais mieux. Si bien que je lui fis une objection, d'ailleurs évidente :

– Et si ce retournement ne se produit quand même pas ? Là, je risque de perdre beaucoup d'argent parce que j'aurais *trop* patienté.

Il sourit malicieusement et, avec un fatalisme feint, me répondit :

– Dans le trading, on ne gagne qu'à condition d'avoir foi en soi et de bénéficier d'un avantage concurrentiel ! Comme dans toutes les activités humaines, d'ailleurs !

– Et cet avantage concurrentiel, c'est-à-dire celui d'anticiper correctement les fluctuations des marchés, je ne l'obtiendrai qu'à force de travail et de patience, n'est-ce pas ? lui demandai-je, certain de la réponse.

– Le travail et la patience, la patience et le travail, on en revient toujours là ! C'est le secret de la réussite *en tous domaines*. Mais vous oubliez un point essentiel cher John, déjà évoqué : avoir une méthode, une méthode adaptée à votre profil psychofinancier[1].

Il resta songeur un instant, puis ajouta :

– C'est une grave erreur, malheureusement commise par nombre d'intervenants, que de croire qu'on pourrait se mettre au trading et faire fortune l'année suivante. Dangereuse illusion, qui coûte toujours très cher. Seule l'énergie du travail, *exploitée intelligemment*, avec force et persévérance, finit par rapporter gros. On devrait l'apprendre aux enfants dès l'école primaire.

Je tins à apporter une précision :

– On le leur apprend en général, mais on omet le plus souvent d'ajouter la petite formule magique qui fait toute la différence : exploitée intelligemment !

– C'est un oubli qui crée de bien gros dégâts, hélas ! fut son seul commentaire.

Son attention était attirée depuis quelques instants par l'écran montrant les graphiques 30, 120 et 240 minutes du WTI[2] coté à New York, auquel il jetait de fréquents coups d'œil. À première vue, pour un amateur, les figures[3] n'indiquaient rien de bien particulier. Mais à y regarder de plus près, elles révélaient des informations essentielles, et là, en l'occurrence, une belle figure de retournement.

---

1. *Profil psychofinancier* : photographie de l'ensemble des schémas émotionnels d'un individu face à l'argent, incluant son seuil de tolérance au risque lorsqu'il se trouve en position sur les marchés.
2. *West Texas Intermediate*, pétrole brut léger qui sert (avec le Brent) de référence pour les échanges commerciaux. *Spot* signifie le cours en vigueur pour une transaction immédiate.
3. Une figure est, en analyse technique, une configuration graphique destinée à anticiper l'évolution des cours.

– Les cours du *Texas Light Sweet*[1] paraissent marquer un top majeur. Nous avons sans doute atteint un point bas. Regardez John : le pétrole se trouve à 73,58 dollars. Il vient de perdre plus de 50 % en quelques mois. J'ai lu l'autre jour que certains analystes le voient à 60 dollars avant la fin de l'année. Personnellement, je le verrais plutôt remonter sur 150 dollars dans les 9-12 mois. Pour moi, nous avons atteint récemment un point bas majeur. Il faut donc se mettre « long » sur le pétrole, commenta Yungan Lama, qui me déconcerta de prime abord par le propos qui suivit :

– Le trading, c'est comme le sexe. Plus nous sommes en phase avec notre partenaire, plus nous récoltons de plaisirs. Plus nous sommes en phase avec les marchés, plus il nous paie en retour.

J'eus l'intuition qu'il devait être à 200 % en phase avec le marché du pétrole coté à New York. Ce qu'il ajouta me le confirma :

– Les bons traders, comme les bons champions sportifs, maîtrisent le concept de « flot ». Ils savent trouver et ensuite rester dans le flot. Autrement dit, être en phase avec le marché et *sentir* quand la vague favorable prend forme, de manière à avoir l'impulsion émotionnelle et physique de la saisir au bon moment.

– À ce propos, que *sentez-vous* en ce moment, si je ne suis pas trop indiscret ?

---

1. *Texas Light Sweet* (ou WTI pour *West Texas Intermediate*) est un type de pétrole brut, utilisé comme standard de référence pour la fixation des prix sur la Bourse new-yorkaise des matières premières (Nymex).

Il me répondit sans réfléchir :
– Que les cours du pétrole vont fortement remonter à très court terme. J'ai une confluence d'indications qui semblent le montrer. Et mon *feeling* le confirme. Mais plutôt que de parier avec vous pour vous prouver que je suis sûr de moi, je vais acheter, *pour nous deux*, deux cents contrats *futures*. Ce qui devrait rapporter à chacun d'entre nous dans les 100 000 dollars si, comme je le pense, le pétrole monte rapidement sur 83 dollars. Rassurez-vous, s'il arrivait que je perde, ce qui m'étonnerait, vous ne me devriez rien !

Cela dit, il demanda à son courtier d'acheter immédiatement cent contrats à 74 au marché. Son ordre fut exécuté à 74,15 dollars. Il plaça un ordre dans le marché pour cent contrats supplémentaires à 72,80. Puis il se désintéressa complètement de l'opération et ne prit même pas la peine de surveiller l'évolution des cours sur l'écran. Pour tout commentaire, il se contenta de me dire :
– Rester le nez collé sur vos écrans est parfois le meilleur moyen de passer à côté de beaucoup d'argent. Il m'arrive de prendre une position et d'aller faire une sieste, si ce n'est autre chose, précisa-t-il d'un air malicieux.
Puis il demeura silencieux un moment, comme s'il mesurait mentalement à quel point ce qu'il venait de me dire était vrai, avant de me demander :
– Selon vous, John, à quoi me suis-je fié pour décider de faire cette opération ?

Il me parut évident de lui répondre :

– Vous avez analysé le marché, réfléchi et pris votre décision en conséquence.

Il sourit et me dit :

– Trop nombreux sont ceux qui accordent une importance démesurée à l'analyse technique, alors que le succès repose avant tout sur un solide système de gestion du risque, appuyé sur une maîtrise de la finance comportementale, le tout combiné à une gestion émotionnelle optimisée. Il s'arrêta un instant, levant le regard sur une magnifique toile, une immense Anthropométrie d'Yves Klein accrochée au mur de son bureau.

– Voyez-vous, l'art rend la vie plus intéressante, John. C'est une source d'ouverture infinie vers la sensibilité, la pleine conscience. Excusez-moi, je m'écarte du sujet. Puis il reprit la conversation :

– Venez, je vais vous montrer quelque chose.

Il se leva pour se diriger vers l'une des nombreuses armoires métalliques qui garnissaient tout un mur de la pièce. Je le suivis. Je remarquai alors que cette armoire portait la mention : *New York*, et que chacune de celles qui la jouxtaient était consacrée à une grande place financière.

Il ouvrit les portes de l'armoire. Elle contenait des centaines de DVD, soigneusement rangés sur les rayonnages et portant chacun, sur une étiquette, des dates et des horaires.

– Des milliers d'heures d'enregistrement et de copies d'articles de presse, d'analyse, de commentaires, me précisa-t-il, avant de poursuivre :

– Je les ai étudiés et continue chaque jour de les enrichir jusqu'à m'en *imprégner*. Combiné avec l'analyse des prix, de la volatilité et des graphiques, j'ai comme un second cœur qui sent les *pulsations* du marché et me donne donc de précieuses informations sur les tendances à venir.

– C'est pourquoi vous venez de *sentir* que le pétrole allait partir à la hausse à très court terme ?

– Exact, John ! Et il ajouta d'un ton ferme et avec un regard de lion :

– N'essayez pas d'obtenir quelque chose du marché. Rendez-vous *disponible*. À force de travail, de persévérance, de souplesse d'esprit et d'expérience, vous saisirez ce que le marché a à vous offrir.

– Pour en revenir à la raison pour laquelle j'ai décidé d'acheter des contrats *futures* sur le pétrole, sachez qu'elle n'a pas fait qu'obéir à un raisonnement rationnel classique : analyse, déductions minutieusement élaborées, conclusions réfléchies. Je me suis fié surtout, en finalité, à mon intuition, à mon *feeling* marché tout simplement.

Je ne dirai pas que je fus choqué qu'un homme aussi brillant que lui ait fait appel à son intuition en priorité, le terme serait trop fort. Mais je fus quand même surpris et passablement décontenancé. Je ne pus d'ailleurs m'empêcher de lui en faire la remarque :

– Je m'étonne qu'un homme de votre talent et de votre expérience puisse se fier prioritairement à un facteur aussi aléatoire, si ce n'est irrationnel, que son intuition pour se lancer dans une aussi importante opération de trading sur le pétrole...

Il eut un petit sourire amusé où je décelai une trace d'ironie et me répondit :

– Mais, John, l'intuition n'est pas ce que vous croyez. Elle n'est pas le produit de l'imagination prétendument réservée aux artistes. C'est au contraire une pensée très *rationnelle* qui est le fruit de beaucoup de travail et d'une longue expérience. Car elle est le résultat et l'expression de la fabuleuse masse d'informations que nous avons stockées sans en avoir conscience. Et que nous renouvelons au fil des jours, des semaines, et des mois à force de travail et d'analyses et d'imprégnation par conséquent.

Il fit une pause et ajouta :

– Travailler et s'informer, s'informer et travailler, c'est développer son intuition de trader. Exactement comme faire de la musculation c'est développer ses muscles.

Il avait certainement raison. Car sur l'écran, les cours du pétrole coté à New York commençaient à rebondir. Il se leva, probablement pour se dégourdir les jambes, et alla éteindre tous les écrans de contrôle.

Je lui posai une question qui m'intriguait à propos du travail qu'il me conseillait vivement d'effectuer, nécessité que je comprenais parfaitement par ailleurs :

– Manifestement, vous ne passez pas vos journées entières à travailler devant vos écrans. En outre, vous devez remplir vos fonctions de chef spirituel de votre communauté et assurer vos différentes obligations, séminaires, conférences, interviews données aux médias, et d'autres choses encore probablement. Vous n'êtes donc pas en permanence *en phase* avec les marchés, contrairement à ce que vous recommandez.

– Ne confondons pas tout, John ! D'abord, je passe une partie de mon temps à observer les marchés qui m'intéressent et à m'informer de l'actualité mondiale politique, économique, industrielle, environnementale. Ce qui est une première chose. Mais surtout, le travail intensif que je vous ai conseillé est un *préalable* indispensable qui vous permettra justement de vous *immerger* dans les marchés, afin de forger avec patience l'intuition dont je vous parlais il y a quelques instants. Mais je ne vous ai jamais dit de monter la garde devant vos écrans.

Sur quoi, il ajouta :

– Outre le fait qu'ils commettent des actes impulsifs et irréfléchis, les traders les plus nombreux pensent qu'ils doivent être tout le temps sur les marchés et effectuer des transactions. Or rassurez-vous, il y a une vie après le trading et de cette vie, je sais en profiter, croyez-moi ! Et je vous conseille d'en faire autant.

Sur ce, nous prîmes congé. Visiblement Yungan Lama avait à faire.

Je passai le reste de la journée à étudier des centaines de graphiques du pétrole, en remontant dix ans en arrière.

Le lendemain matin, pas de Yungan à la salle à manger comme d'habitude.

Visiblement, il s'était absenté. Je pris mon petit déjeuner et demandai à Sri s'il y avait une pièce avec un ordinateur pour accéder aux marchés.

– Aucun problème, John. Suis-moi.

À New York, les cours du WTI avaient ouvert à 83,10 dollars. La veille, il était retombé un moment à

71,90 dollars pour finir à 22 h 00 à 75,10 dollars. Visiblement, l'ordre d'achat des cent contrats supplémentaires avait été exécuté. Et là, l'ordre de vente des deux cents contrats venait de l'être également. On assistait ce matin à l'une des plus fortes hausses quotidiennes du pétrole depuis les douze derniers mois.

Soudainement, derrière moi, je sentis comme une présence. C'était Yungan Lama qui, comme si de rien n'était, me dit :

– J'ai d'autant moins de mérite que le pétrole WTI fait partie de mes spécialités. Comme je vous l'ai dit, je trade avec peu de produits : options et *futures*. Et essentiellement sur le Dax allemand, le S&P américain, et sur certaines matières premières comme le Pétrole WTI principalement. En toute logique, la limitation de mon champ d'intervention me permet de le connaître avec plus de précision. Et d'en savoir toujours plus à son sujet.

– Vous pensez donc qu'il vaut mieux se spécialiser sur certains marchés plutôt que d'opérer un trading tous azimuts avec ce que nous considérons être les opportunités du moment ?

– Bien sûr, et je vous le recommande vivement ! D'ailleurs, tous les grands traders n'interviennent que sur quelques marchés dont ils sont des spécialistes. Et là encore, grâce à un travail intense et à une expérience qui obéit au principe de la boule de neige. Plus elle tourne, plus elle devient grosse.

Une question me brûlait évidemment les lèvres, tellement elle allait de soi :

– Et quels sont les domaines d'intervention qu'un homme de votre expérience pourrait me conseiller ?

Son visage devint grave et il réfléchit un instant avant de me répondre :

– C'est une question délicate que vous me posez là, John. Non pas qu'elle soit indiscrète, mais parce que sa réponse ne dépend pas de moi, *mais de vous.*

– Comment cela ?

– Comme je vous le répète, quitte à vous saturer les oreilles, le trading exige énormément de travail d'observation et d'information à large spectre. Ce travail, vous n'aurez ni la volonté ni le courage d'aller au bout si vous ne vous sentez pas *motivé.* Autrement dit, si vous ne portez pas un *intérêt personnel* aux marchés sur lesquels vous intervenez. Ce qui revient à dire que ma réponse ne peut et ne pourra toujours être que de trader sur les marchés par lesquels vous vous *sentez* spontanément attiré.

– Il n'en demeure pas moins que le contexte économique, industriel et démographique actuel va inévitablement favoriser la hausse, et même la forte hausse, de certains produits, lui répliquai-je.

– Vous avez parfaitement raison ! Les matières premières, industrielles et alimentaires, entre autres. Je pense également au secteur du médicament ou à celui de l'armement. Mais cela n'empêchera en rien le rôle essentiel de la motivation, donc de l'intérêt personnel. Si nous n'avons pas un intérêt personnel à faire quelque chose, nous le faisons mal ou nous ne le faisons pas, tout simplement.

– N'avez-vous pas dit que l'argent, en gagner j'entends, ne saurait constituer une motivation suffisante ? lui ai-je répliqué.

– Je dirai même que c'est une excellente façon d'en perdre et de multiplier les échecs. Mais pour ce qui me concerne, les marchés du WTI, j'adore. Et trader avec, j'adore encore plus. Regardez là, le pétrole, regardez. Il est à 83,50 dollars. Nos deux cents contrats vendus. Ce qui nous fait un peu plus de 200 000 dollars de gains.

Un rapide calcul mental me permit de vérifier que l'objectif prévu avait été dépassé. Quand je le fis remarquer à Yugan Lama, il me fit une réponse simple est directe :

– Les objectifs sont faits pour être dépassés, mon cher John.

Ce matin-là, j'avais vécu les derniers moments du trader que j'étais avant de rencontrer Yungan Lama. J'étais prêt. Je le sentais. J'allais devenir celui dont jamais je n'aurais rêvé, même dans mes rêves les plus fous : un trader qui gagne, doublé d'un homme comblé.

Avec les plaisirs de l'esprit, ceux de la chair font bon ménage…

Chapitre 10

Les masseuses de l'esprit

« Les hommes pratiquent le stress
comme si c'était un sport. »
Madeleine FERRON

Un Indien atypique

L'économie occidentale ne connaîtrait une expansion durable, comparable à celle de l'après-guerre, que si nous options collectivement pour un nouveau modèle de développement. C'est la thèse que défendait le livre que j'avais passé une bonne partie de l'après-midi à lire.

L'auteur proposait une sorte de plan Marshall en faveur des pays défavorisés, qui représentent les 5/6ᵉ de la population mondiale. De quoi donner du « grain à moudre » à nos entreprises ! Puis il s'engageait dans de savantes considérations sur le financement d'une telle opération.

Je dois avouer que j'étais un peu ailleurs. La pensée d'avoir gagné 100 000 dollars en seulement quelques heures avait quelque peu perturbé ma lecture.

Le soleil commençait à décliner.

Je demandai à Sri de me seller un cheval. Il choisit un magnifique alezan sur lequel je fis une longue randonnée solitaire dans les collines, histoire d'encrer ce que Yungan Lama m'avait enseigné. Durant cette promenade j'eus un flash qui me permit de prendre conscience à quel point, avant mon initiation, je travaillais les marchés comme un amateur. Comme un amateur médiocre !

Comme tous les matins maintenant, ou presque, je pris mon petit déjeuner avec Yungan Lama et les membres les plus matinaux de la communauté. Tout en continuant à manger, le chef, comme j'aimais à l'appeler désormais en silence, m'avait tendu une enveloppe, avec pour seul commentaire :

– Selon nos accords.

À l'intérieur, un ordre de virement de 100 000 dollars à mon nom. Avec le même laconisme, il se concentra de nouveau sur le contenu de son assiette, ne me laissant même pas le loisir de le remercier.

Je glissai l'enveloppe dans la poche de ma chemise et me mis à me sustenter copieusement, comme c'était apparemment la règle à l'ashram.

Quand il eut terminé son petit déjeuner, satisfait comme un chat qui vient de laper la dernière goutte de sa soucoupe de lait, Yungan Lama me déclara :

– Aujourd'hui, John, c'est jour de DT, je veux dire de « détente totale ». Que diriez-vous si je vous proposais d'en profiter pour que nous allions faire une petite excursion ?

– J'accepte avec plaisir !

Certain que son excursion devait avoir une valeur initiatique ou un sens symbolique, c'était même fébrilement que j'acceptais la proposition.

Un quart d'heure plus tard, nous nous retrouvions dans le 4×4 dont, selon son habitude, il avait pris le volant. Et nous roulions en direction de Sacramento.

Une fois arrivés en ville, il se gara devant une agence de l'American Express, en me disant :

– Allez voir, John, si votre virement est bien arrivé. Je vous attends.

Il me revint alors à l'esprit que je ne l'avais pas encore remercié. Je réparai aussitôt mon oubli.

– C'est gentil de votre part, John, mais c'est ce dont nous étions convenus. Ce qui est promis est promis et doit donc être tenu. Sinon, il n'y aurait plus de confiance possible. Et sans confiance, pas d'affaires. Ce que l'honneur exige, l'intérêt financier bien compris de chacun le commande. Donc, dépêchez-vous, nous avons une longue route à faire.

Dans la banque, en attendant qu'on me confirme l'arrivée des 100 000 dollars, je repensai à la formule de Yungan Lama : « Ce que l'honneur exige, l'intérêt financier bien compris de chacun le commande. » Admirable formule. Je n'allais pas l'oublier de sitôt, car elle avait un sens encore plus essentiel. Sens qui me serait bientôt révélé.

Nous voilà sortis de Sacramento. Nous roulions droit au sud, vers San Diego et le Mexique. Yungan Lama resta silencieux un long moment, probablement perdu dans ses pensées. Et ce n'est que lorsque nous eûmes parcouru une bonne trentaine de miles qu'il me demanda :

– Selon vous, John, pourquoi ai-je tenu à vous faire gagner cet argent ? Vous croyez que c'est pour vous faire plaisir ?

– Je ne crois pas que ce soit pour me faire plaisir. Vous m'avez toujours témoigné beaucoup de bienveillance et de sympathie, et je vous en suis profondément reconnaissant, mais à ce point, ce serait étonnant. Et surtout, ce serait contre-performant en ce qui concerne mon initiation. Car cela pourrait me donner à penser qu'on peut gagner beaucoup d'argent sans rien faire, ou en laissant travailler les autres. Celui qui a gagné cet argent, c'est vous. Pas moi !

– Bien raisonné, John ! remarqua-t-il, avant que je ne poursuive :

– Comme mes pertes en Bourse m'ont passablement perturbé et stressé, je crois que vous avez voulu me rassurer et me rendre confiance en moi. Sinon, j'aurais pris le risque de me mettre à trader avec pour seule idée de gagner de l'argent. Ce qui est l'un des moyens les plus sûrs d'en perdre, m'avez-vous dit.

– Exact ! Je l'ai fait dans l'intention que vous puissiez trader en toute tranquillité d'esprit, en ne vous préoccupant que de votre « process » de trading, et non dans le but de vous renflouer à tout prix. Ce qui est *toujours* particulièrement stressant.

Mine de rien, je lui dis :

– Si j'ai bien compris, le stress, c'est le thème du jour. Pour toute réponse, il se contenta de sourire. Preuve que j'avais visé juste.

Nous roulions toujours vers le sud.

– John, connaissez-vous l'histoire de Jesse Livermore ? me demande inopinément Yungan Lama.

– J'ai entendu parler de lui, mais sans plus...

Sans tenir compte de ma réponse pour le moins évasive, Yungan poursuivit :

– Jesse Livermore a été l'un des meilleurs traders de tous les temps. Pendant de longues années, il a obtenu des résultats étonnants et accumulé une fortune colossale, au point qu'il était devenu la légende vivante du trading. Et puis, si je peux m'exprimer ainsi, la belle mécanique s'est détraquée.

– Comment ça ?

– À partir d'un certain moment, il s'est mis à commettre des erreurs, à essuyer échec sur échec. Et, surtout, à perdre de plus en plus d'argent. Ceux qui l'ont connu à cette époque racontent que son caractère avait changé, pas en bien, évidemment. Il était devenu nerveux et *hésitant*, lui qui avait toujours été très sûr de lui. Comme c'est fréquemment le cas, plus il a voulu se refaire, plus il s'est enfoncé. Tant et si bien qu'il s'est complètement ruiné en peu de temps, et que c'est dans ces tristes conditions qu'il a fini son existence. Édifiant, non ?

– Connaît-on le pourquoi du changement de sa façon de trader et ce qui lui a fait « perdre la main » en quelque sorte ?

– Le stress, cher John. LE STRESS !

Là, il y avait quelque chose que je ne comprenais pas très bien. Je posai la question à Yungan Lama :

– Pendant de nombreuses années, celles où il a connu une fantastique réussite et fait fortune, il a été apparemment insensible au stress. Et voilà qu'il en a souffert à partir d'un certain moment de sa vie, au point de perdre tous ses *repères* de trader et de se ruiner.

– Comment expliquez-vous cela ?

– Les marchés évoluent dans un environnement de stress et d'agitation. Et les meilleurs traders savent ne pas se laisser déstabiliser par les résultats à court terme. Cela a été le cas de Jesse Livermore pendant de nombreuses années, où il a fait preuve, à cet égard, d'un remarquable contrôle du stress.

– Alors, que s'est-il passé ?

– À la pression permanente liée à son métier est venue s'ajouter, à partir d'une certaine période de sa vie, celle de graves préoccupations familiales, notamment conjugales. C'est cela qui l'a profondément déstabilisé. Ensuite, il a été pris au piège du cercle vicieux des échecs qui s'enchaînent, de la perte de confiance en soi qui ne cesse de s'accentuer, et ainsi de suite. Jusqu'à la triste fin qu'il a connue.

– À ce propos, une question pratique me vient à l'esprit : puisque vous parlez de mauvaises passes, comment récupérer après une perte, afin d'éviter de tomber dans le cercle vicieux de l'échec dont vous venez de parler ?

– Comment récupérer après une perte ? D'abord, en prenant une semaine de vacances. Ensuite, en étant *défensif,* jamais offensif. Il faut reprendre confiance en soi en recommençant à trader avec des montants faibles.

Je tirai une conclusion des propos qu'il venait de tenir :
– Un trader qui veut réussir doit donc veiller à éliminer de sa vie le maximum de perturbations environnementales, émotionnelles et affectives !
– Non seulement, mais un grand trader a une vie équilibrée et pratique une activité physique qui le détend et optimise son *mental,* comme le yoga, les arts martiaux ou la méditation, par exemple. Ces activités, du moins celle qui vous correspond le mieux, sont de véritables « masseuses de l'esprit ». C'est du reste pourquoi je vous ai amené ici aujourd'hui.

Surgi de nulle part, perdu en plein désert, le lieu le plus déroutant que j'aie jamais vu. La coexistence baroque de cultures totalement différentes. Un campement indien traditionnel, des bâtiments bas ultramodernes aux couleurs criardes abritant une poste, un bureau des affaires indiennes et des boutiques.

D'énormes panneaux publicitaires lumineux. Un vaste parking où stationnaient à peu près tous les types de voitures récentes. Une foule aussi nombreuse que dans une station balnéaire en plein été. De vrais Indiens ou ce qui me sembla être des touristes jouant aux Indiens. Et, assommant le tout, le soleil écrasant de la Californie du sud, toute proche du Mexique.

Après m'avoir soufflé :
– Pas banal, n'est-ce pas ?

Yungan Lama se gara dans le parking, et nous sortîmes de notre 4×4 climatisé pour nous plonger dans cette étuve.

Apparemment familier des lieux, il se dirigea directement vers le bureau des affaires indiennes, tout en me disant :

– Je vais d'abord vous présenter à *Éclair du matin*, le chef de ce clan familial de Chumash[1] qui exploite ce capharnaüm. Vous verrez, c'est un personnage lui aussi !

J'imaginais un chef d'une noblesse hiératique, empanaché de plumes multicolores et habillé de vêtements en peaux bariolées. C'était une erreur ! La soixantaine alerte. Vêtu d'une chemise à carreaux et d'un jean. Coiffé d'une casquette *I love NY*, *Éclair du matin* avait tout d'un businessman chasseur de *green backs*[2], y compris le gros havane qu'il fumait nonchalamment assis derrière un bureau.

En nous voyant entrer dans son quartier général, un large sourire lui vint aux lèvres. Il se leva, posa son cigare dans un cendrier, avant de serrer à l'étouffer Yungan Lama dans ses bras, en lui donnant de grandes claques sur l'épaule et des « Mon ami, mon frère ! » à tour de bras. Après que Yungan Lama m'eut présenté, j'eus droit, à mon tour, à ses effusions musclées.

Remis, l'un et l'autre, de cet accueil démonstratif, Yungan Lama et moi refusâmes le verre de Tequila qu'il nous avait proposé. Ce qu'il regretta visiblement,

---

1. Indiens de Californie, dont la population fut décimée au XIXe siècle par le raz-de-marée de chercheurs d'or venus du monde entier dans l'espoir, presque toujours déçu, de faire fortune.
2. Une façon de désigner les dollars en argot, en raison de la couleur verte du verso des billets de banque américains.

tout en s'en servant personnellement une large rasade. Après quoi, nous prîmes tous les trois place autour de son bureau.

À la satisfaction évidente de l'intéressé, Yungan Lama m'expliqua qu'*Éclair du matin*, surfant sur la vague de l'écologie et du bio, avait trouvé un filon particulièrement rentable pour son clan. Il organisait, pour des citadins argentés, des séjours de retour à la nature. Ses clients dormaient sous des tipis, étaient censés se nourrir des produits de leur chasse et de leur cueillette, s'habillaient de vêtements indiens traditionnels. Enfin, ils s'évertuaient à vivre tout comme les Chumash d'avant la conquête espagnole.

La formule connaissait un succès fou. Au point qu'*Éclair du matin* préparait l'ouverture de deux nouveaux villages de retour à la nature à proximité de la frontière mexicaine et qu'il la revendait, sous forme de franchises, à des communautés indiennes d'autres États, en ayant réservé l'exclusivité à son clan pour toute la Californie. Une entreprise hyper-prospère gérée de main de maître !

– Parfaitement exact ! confirma *Éclair du matin*, entre deux bouffées de havane et avant de se resservir une lichette de Tequila.

– Et si nous en venions maintenant à la raison précise de notre visite ici aujourd'hui ? suggéra Yungan Lama.

– *Éclair du matin* est un ami de longue date, poursuivit-il. Un ami de bien avant qu'il n'ouvre son premier village de retour à la nature. Quand il m'a parlé de ce projet, je lui ai proposé de le compléter par la création d'un *centre anti-stress*. Il a été immédiatement d'accord et c'est ce que nous avons fait. Et il se trouve que ce centre est également une grande réussite. N'est-ce pas ? ajouta-t-il en se tournant vers *Éclair du matin*, qui surenchérit :

– Une réussite très au-delà de toutes nos prévisions. Il est vrai que, dans ce monde complètement déboussolé et perturbé, les gens ne savent plus à quel saint se vouer pour se débarrasser de leur stress. Alors ils accourent en masse. Le délai d'attente pour effectuer un séjour dans notre centre est actuellement de plus de trois mois. Et nous n'en sommes qu'au tout début !

Après une autre bouffée de havane, qu'il savoura manifestement avec un plaisir extrême, il ajouta :

– D'ailleurs, si Yungan est d'accord, nous allons maintenant vous le faire visiter.

Après le hochement de tête approbateur de l'intéressé, il appuya sur un bouton placé sur son bureau. Une secrétaire stylée, mais *déguisée* en indienne par respect de la couleur locale, fit son apparition. Il lui dit qu'il lui « confiait la boutique » et, qu'en cas de besoin, elle pourrait le joindre sur son portable.

À l'ombre du bâtiment des Affaires indiennes était stationnée une Land Rover d'un âge canonique. Nous nous y installâmes, *Éclair du matin* prenant le volant. Avant de démarrer, il nous déclara d'un ton désabusé :

– Personnellement, je préfère les berlines anglaises. Mais, voir un chef indien, qui plus est patron d'un village de retour à la nature, se balader au volant d'une *Jaguar* ferait mauvais effet sur la clientèle. Et ne collerait pas avec l'image caricaturale que les

Blancs se font de notre peuple. C'est pourquoi je me promène dans ce vieux tas de ferraille. Mais quand je suis dans ma marina à San Diego, je me sers de ma *Jaguar*, que je laisse garée le reste du temps.

Sur ce, l'air résigné, il mit le moteur en marche. J'appréhendais de devoir rouler longtemps en pleine chaleur dans ce véhicule sans climatisation. Mais le trajet fut bref, quelques kilomètres à peine. Et, parvenue au sommet d'une colline, la piste redescendait en pente douce vers un site tellement imprévu en plein désert que je crus un instant être victime d'un mirage.

Un grand bâtiment aux lignes pures et élégantes, probablement dessiné par un architecte de talent, une piscine de taille olympique, plusieurs *pool houses* d'un style tout aussi harmonieux, le green d'un golf de 18 trous, et une végétation luxuriante. Une oasis de verdure et de sérénité !

– Voici notre centre « Bien-être illimité » ! annonça *Éclair du matin*, qui s'était arrêté au sommet de la côte pour nous permettre d'admirer ce panorama à vous couper le souffle. Après avoir observé un moment de silence, il précisa :

– Je dis *notre*, car c'est Yungan Lama qui a assuré le financement de l'opération. Par amitié pour moi, c'est vrai. Mais aussi et surtout parce qu'il considère que la lutte contre le stress devrait être une priorité des politiques de santé nationales.

Yungan Lama confirma d'un hochement de tête les propos d'*Éclair du matin*, puis me dit :

– Le secteur de la santé est un des grands marchés de l'avenir. Notamment dans son segment associant santé et bien-être. Ne l'oubliez pas, John !

Le restaurant gastronomique du centre étant plein à craquer, *Éclair du matin* nous invita à déjeuner dans la salle à manger privée des locaux réservés à la direction. Au menu, salade de fruits de mer, homard grillé, pointes d'asperges nappées d'une délicate sauce au vinaigre de Xérès et, en dessert, un sublime sorbet de litchis, le tout arrosé d'un vin français fabuleux que Yungan Lama me dit être un bordeaux blanc.

Le repas touchait maintenant à sa fin. Après nous avoir proposé des havanes, que Yungan Lama et moi refusâmes, *Éclair du matin* alluma le sien selon un rituel de fin connaisseur, en tira voluptueusement une première bouffée, puis, s'adressant à moi :

– Nous mettons à la disposition de notre clientèle les techniques de détente les plus innovantes. Des masseuses redoutables pour la détente du corps et de l'esprit. Des coachs en développement personnel pour favoriser l'élévation de soi. L'affluence que vous avez pu constater par vous-même en est une preuve, s'il en fallait une. Nous avons atteint un taux moyen de remplissage annuel de 96 % et, bientôt, nous serons à saturation.

– C'est pourquoi nous allons prochainement ouvrir un deuxième centre à San Francisco, tint à préciser Yungan Lama.

– J'aimerais que vous essayiez l'une de ces techniques. Je suis persuadé qu'elle vous conviendra parfaitement, poursuivit *Éclair du matin*.

– Laquelle ? lui demanda Yungan Lama, vivement intéressé.

– Le tir à l'arc chumash !

– Effectivement, tu as raison, c'est une excellente idée ! approuva Yungan Lama, qui en profita pour me faire un cours rapide sur le sujet.

– Savez-vous qu'au Japon on voit dans le tir à l'arc traditionnel non pas un sport, mais un rituel spirituel. Le Japonais ne fait pas du tir à l'arc une discipline que tout sportif peut plus ou moins maîtriser en s'entraînant physiquement. Mais une aptitude de l'esprit qui se développe par des exercices et trouve sa source dans le désir d'atteindre un objectif spirituel. Ainsi, c'est contre lui-même que se bat le tireur d'élite, et la seule victoire qu'il puisse remporter est une victoire sur lui-même.

Le stand de tir à l'arc chumash était en sous-sol, sous un dôme de matière translucide teintée, qui laissait pénétrer une lumière du jour filtrée, donc non blessante pour les yeux. De nombreuses plantes vertes disposées le long des murs et l'écoulement régulier d'une fontaine complétaient l'impression de sérénité.

Éclair du matin choisit pour moi un arc dont les dimensions me parurent impressionnantes. Mon regard dut lui paraître inquiet, car il tint à me rassurer :

– Il est puissant, mais léger et d'une extrême précision. Nos ancêtres l'utilisaient pour la chasse au gros gibier. Je crois d'ailleurs, mais je n'en suis pas certain, qu'il a inspiré les arcs de compétition dont se servent les sportifs de cette discipline. Si vous le permettez, je vais vous faire une démonstration.

Il se tut et se concentra intensément, comme s'il mobilisait toute son énergie mentale. Puis, il choisit soigneusement une flèche, la mit en place et tendit l'arc dans un geste lent et élégant. Et, après avoir visé longuement l'une des cibles suspendues à l'autre extrémité du stand, il décrocha son trait. La flèche atteignit exactement le point central de la cible. Un tir parfait !

Yungan Lama et moi le félicitâmes de sa performance. Il eut le triomphe modeste et se contenta de me passer l'arc pour que j'effectue mon premier essai. J'imitai au mieux ses gestes en respectant le même tempo, en me concentrant au maximum comme il l'avait fait lui-même. Alors que je visais la cible, Yungan Lama s'approcha de moi pour me dire :

– Ne regardez que la cible. Ne pensez qu'à elle, afin qu'elle seule occupe votre esprit. Pour tout dire, *soyez la cible* ! Puis, oubliez-la. Et tirez.

Puis il recula pour disparaître de mon champ de vision et observa un silence complet. Attitude qu'*Éclair du matin* adopta lui aussi. J'étais seul face à mon tir. Coupé de toute influence extérieure, j'éprouvai soudain un sentiment de calme absolu. Une intuition me dit que je venais de découvrir la technique de relaxation qu'il me fallait.

C'est à peine si j'eus conscience d'avoir décroché ma flèche. Mon résultat ne fut pas aussi spectaculaire que celui d'*Éclair du matin* mais, pour un premier essai, je le jugeai honorable. Ce qui fut également l'avis de Yungan Lama et d'*Éclair du matin*, tous deux experts en psychologie humaine.

Avant de quitter le stand de tir, je voulus effectuer encore plusieurs essais, tellement j'avais été emballé par cette technique. Yungan Lama et *Éclair du matin*, qui avaient probablement à s'entretenir de leurs affaires, me demandèrent de les rejoindre dans les bureaux quand j'aurais terminé.

Une fois seul, le sentiment de paix et de sérénité que j'éprouvais en préparant mes tirs me parut encore plus grand. Une impression de *déconnexion* totale. De maîtrise complète de moi-même et de mon existence ! Et c'est presque à regret que je rejoignis mes compagnons.

En chœur, Yungan Lama et *Éclair du matin* me demandèrent comment je me sentais maintenant. Je leur avouai qu'il y avait bien longtemps que je n'avais pas éprouvé un tel sentiment de détente et de *plénitude de moi-même*. Pour toute réponse, ils échangèrent entre eux un sourire entendu.

Éclair du matin nous proposa de nous garder à dîner. Yungan Lama le remercia vivement, mais lui répondit qu'il était temps pour nous de rentrer à l'ashram. Avant notre départ, *Éclair du matin* m'assura que je serais toujours le bienvenu. Et, joignant le geste à la parole, il me remit une carte d'invité « privilège », qui me donnait gracieusement accès en permanence au centre et à toutes ses installations. Puis nous eûmes encore droit aux vigoureuses embrassades de notre hôte débordant d'énergie, avant de pouvoir prendre le chemin du retour.

Je me promis de revenir pour bénéficier d'un de ces fameux massages ayurvédiques, prodigués par des masseuses qui avaient la réputation de faire des miracles de leurs mains.

Nous roulions depuis quelques minutes, quand Yungan Lama me demanda inopinément :

– Alors, selon vous, John, cette escapade au centre de lutte anti-stress, du temps *perdu* ou du temps *utile* ?

Je fus d'abord surpris par la façon dont il avait formulé sa question. D'ordinaire, après ce genre de « *virée* », on vous demande si elle vous a plu ou non. Mais je réalisai enfin qu'il voulait juger de mon opinion sur son aspect *pratique* dans le cadre de l'action en général, et du trading en particulier.

– Utile, bien sûr ! lui répondis-je.

– D'accord avec vous ! me dit-il, avant de poursuivre :

– Les Français ont un proverbe qui affirme : « Il y a un temps pour tout ! » Ils ont parfaitement raison. Et beaucoup plus qu'ils ne le pensent. J'entends par là qu'à certains moments, nous sommes mentalement et physiquement *disponibles* pour l'action et au mieux de nos aptitudes. Donc pleinement *performants*. Alors qu'à d'autres, nous avons *besoin* de nous détendre et de nous changer les idées.

Après un temps de silence, il continua :

– Je sais, ça paraît évident et pas très original. Mais la plupart des gens n'en tiennent aucun compte. Ils ne savent pas répartir leur temps de travail et leur temps de repos de sorte à parvenir à leur maximum d'*efficacité*. Du coup, ils perdent sur les deux tableaux : ils sont moins rentables et, en plus, se fabriquent un stress incroyable qu'ils pourraient facilement éviter, s'ils apprenaient à organiser rationnellement leurs emplois du temps.

Je dus admettre, qu'une fois de plus, il avait raison. D'autant que j'avais fait personnellement l'expérience de cette gestion *contre-productive* de soi. Ce que je ne lui cachai pas :

– C'est vrai que, lorsqu'on n'est pas partant pour le travail, les résultats qu'on obtient sont généralement médiocres ou franchement mauvais. Au point qu'il faut souvent recommencer ce qu'on a fait. Et comme si cela ne suffisait pas, on stresse beaucoup, ou du moins trop facilement. En fait, on nous demande de travailler, mais on ne nous *apprend pas* à travailler efficacement !

– Bien vu, bien dit, John ! fut son seul commentaire.

Après m'avoir appris comment repérer les phases dans lesquelles on est dispos pour un travail de qualité, et celles où l'on a vraiment intérêt à faire autre chose dans la mesure du possible, Yungan Lama changea de sujet de conversation :

– Êtes-vous parvenu à *être* la cible quand vous avez tiré à l'arc, comme je vous l'ai conseillé, John ?

– Vous dire que j'y suis complètement arrivé, ce serait vous mentir. Mais j'ai pu *sentir* ce que vous vouliez dire. Et c'est vrai que j'ai éprouvé un sentiment de profonde relaxation.

– Ne vous inquiétez pas, avec l'habitude, vous y parviendrez parfaitement ! Surtout quelqu'un *comme vous*.

Une fois de plus, il faisait allusion à mon supposé statut de *born for*, sans m'en dire davantage, fidèle à une ligne de conduite qu'il semblait s'être une fois pour toutes fixée ! Ma question ne devait pas être dans l'ordre de ses préoccupations, compte tenu du conseil qu'il me donna alors. Et que je n'oublierai jamais :

– Eh bien, quand vous traderez, *soyez* votre méthode comme vous serez votre cible quand vous tirerez à l'arc. N'ayez que ça à l'esprit, et rien d'autre, absolument rien d'autre ! Croyez-moi par expérience. Car c'est le moyen le plus radical pour s'épargner le stress du trading. Et n'oubliez pas non plus les escapades régulières comme celle que nous avons faite aujourd'hui. Le tout-trading, c'est du tout-stress garanti.

Ce fut à mon tour de lui poser une question :

– Comment un bouddhiste comme vous peut-il s'adapter à la pensée et à la vision du monde d'un chef Chumash comme *Éclair du matin* ?

– Parce que je suis bouddhiste, justement ! On nous enseigne l'ouverture d'esprit. La curiosité dans le bon sens du terme. Et l'absence d'*a priori*. En un mot, la recherche du *vrai* sans nous laisser abuser par les apparences. Toutes qualités qui sont d'ailleurs également nécessaires à un bon trader. Pour déterminer l'attitude qu'il adoptera, tout en respectant sa méthode, il doit aborder les marchés sans préjugés.

Nous sommes rentrés à l'ashram alors que la nuit commençait à tomber. Avant de dîner, j'eus le temps d'aller me doucher et de prendre des notes. Je sentais que quelque chose se préparait. Ce n'était plus qu'une question de maturation. Cette journée, je ne le saurais que plus tard, allait être le tournant décisif d'une opportunité historique pour moi.

Chapitre 11

Le sésame de la sécurité financière

« La vertu coûte parfois, mais elle paie
toujours en retour. »
José Narosky

Barracuda

5 h 30 du matin. Je fus réveillé en sursaut par la
sonnerie du téléphone. Encore dans les brumes d'un
sommeil profond, je décrochai. C'était Yungan
Lama :
– Pardonnez-moi, John, de vous réveiller si tôt.
Mais nous devons aller à San Francisco. Nous avons
rendez-vous en début de matinée. Je vous explique-
rai tout à l'heure. Préparez-vous. Je vous attends !
Je pus à peine lui dire que j'en avais pour quelques
minutes, qu'il raccrocha. Le temps de me doucher,
de me raser et de m'habiller, j'étais prêt et je faisais
mon entrée dans la salle à manger.

Entre deux bouchées de ses œufs au bacon, Yungan Lama me déclara :

– Je n'en attendais pas moins de vous, John ! Mais prenez quand même le temps de déjeuner. « Ventre plein dès le matin assure journée sans chagrin ! », dit-on. Je ne sais pas si c'est vrai. Mais faites toujours comme si c'était le cas.

Il me laissa me servir à mon tour puis et, pendant que je mangeais, m'expliqua, en langage télégraphique :

– Mon vieil ami Lars O'Neil, de San Francisco, nous a invités, cette nuit, à une partie de pêche au gros. Un mail qu'il m'a envoyé à 11 heures du soir. J'ai répondu OK. Il nous attend pour lever l'ancre.

Je ne m'attardai pas à table. Nous allâmes chercher le 4×4. Yungan Lama ouvrit le coffre, dans lequel il me montra un grand sac en peau, en me disant :

– De la part d'*Éclair du matin*. Il me l'a remis à votre intention pendant que vous étiez seul au stand de tir. J'ajoute, pour la petite histoire, qu'il vous a trouvé très, très bien.

– Qu'est-ce que c'est ? lui demandai-je, bien que j'eusse ma petite idée sur la question.

– Un arc de chasse Chumash. Une preuve d'estime à votre égard tout à fait particulière de sa part. J'ai oublié de vous le donner en rentrant hier soir, excusez-moi. Cela dit, je ne pense pas moins de bien de vous que lui.

Juste le temps de le remercier, et nous étions en route.

Tout en conduisant, il poursuivit ses explications sur son ami Lars O'Neil :

– Il a fait fortune dans la presse et Internet. Et ce n'est qu'assez récemment qu'il s'est intéressé au trading,

pour lequel il a révélé assez vite des dons exceptionnels. Ce qui lui a permis d'accroître encore considérablement sa fortune. Mais il ne trade pas pour l'argent,
ce qui contribue à faire sa force et sa réussite.

Il négocia avec brio le virage d'accès à la *Highway*,
puis continua :

– Quoi qu'il en soit, Lars O'Neil est désormais l'un
des meilleurs traders au monde. Il en possède d'ailleurs les quatre vertus cardinales. C'est pourquoi j'ai
tenu à vous le faire rencontrer. Non seulement c'est
un homme brillant, mais c'est aussi un homme absolument charmant. Un ami fidèle sur lequel on peut
compter. Et comme il contrôle, directement ou indi-
rectement, la presque totalité des médias de la côte
Ouest, il sera pour vous un soutien précieux auquel
vous ne ferez jamais appel en vain.

– Et si le courant ne passait pas entre nous ?

– Ce serait toujours possible, mais cela m'étonnerait
beaucoup ! me rétorqua Yungan Lama, en s'enga-
geant sur la bretelle qui conduisait à l'aéroport de
Sacramento.

Comme lorsque nous étions allés à L.A., nous avons
effectué le vol Sacramento-San Francisco à bord du
jet privé de la communauté piloté par Yungan Lama.
À l'aéroport de Frisco nous attendait un homme d'une
cinquantaine d'années, grand, mince, réservé et habillé de gris muraille, que Yungan Lama me présenta
comme l'homme de confiance et le confident de Lars
O'Neil.

Il nous salua avec un profond respect et nous précéda vers une de ces limousines à six places qui n'en
finissent pas, dans laquelle il nous invita à nous ins-

taller. Ce genre de véhicule qu'affectionnent les VIP et que je juge personnellement tape-à-l'œil et du plus mauvais goût. Après nous avoir priés de nous servir en boissons dans le minibar embarqué, notre cornac se mit au volant et démarra.

Conduisant avec la souplesse d'un chauffeur de la présidence, il s'engagea sur l'autoroute qui conduisait en ville, puis dans la circulation dense de Frisco, au cœur de laquelle je le sentis apparemment aussi à l'aise qu'un poisson dans l'eau. D'un naturel peu bavard, il n'ouvrit la bouche que pour nous signaler laconiquement que nous étions en train de doubler le fameux tramway nommé Désir, avant de découvrir, au sommet d'une côte, la féerique baie de San Francisco, baignant dans le soleil matinal. Peu de temps plus tard, nous étions sur les quais. Puis, bientôt, nous nous sommes arrêtés devant l'embarcadère d'un superbe *cabin cruiser* qui devait faire au moins 20 mètres. Nous étions arrivés.

Lars O'Neil était un homme d'une soixantaine d'années. Souriant et d'un abord simple et avenant. Il nous salua chaleureusement, traitant Yungan Lama comme un ami de très longue date. Il se montra particulièrement bienveillant à mon égard, une fois que Yungan Lama lui a dit que j'étais un garçon brillant promis au plus bel avenir dans le trading.

Pendant que deux *skippers* levaient les amarres et que son homme de confiance, toujours aussi peu bavard, prenait la barre, il nous invita à nous installer autour de la table placée sur le pont, sur laquelle était servi un petit déjeuner digne d'un 5-étoiles. Je me contentai, comme Yungan Lama, d'un jus d'orange et d'une part de salade de fruits. Lars O'Neil, lui, fit honneur aux différents plats préparés par son cuisinier, dont on pouvait penser qu'il l'avait débauché d'un grand restaurant français.

Nous sommes passés sous le Golden Gate, dont toutes les voies étaient déjà encombrées par une intense circulation. Puis nous avons mis le cap sur le large. Yungan Lama et Lars O'Neil parlaient de la situation géopolitique et économique du monde, qui les inquiétait manifestement.

Les propos qu'ils échangeaient n'étaient pas en effet d'un optimisme débordant. À les écouter, nous allions tout droit au-devant de sérieux problèmes planétaires, en raison de l'exacerbation des nationalismes, alors que l'époque aurait dû être à la solidarité et à la coopération internationales. « Les hommes sont décidément incorrigibles ! » constata amèrement Lars O'Neil, avant de se servir des rognons flambés au madère et d'ajouter, comme pour se justifier :

– Il faut avoir le ventre bien calé pour pêcher au gros, messieurs !

Nous le rassurâmes sur ce point, en lui précisant que nous nous étions copieusement sustentés avant de partir de l'ashram. Rasséréné, il mangea ses rognons en toute bonne conscience.

La côte avait maintenant disparu au-delà de l'horizon et les creux étaient plus profonds. Un vent de nord-nord ouest soufflait en fortes rafales, soulevant une écume qui venait nous cingler le visage.

– Un temps idéal, ça va mordre ! remarqua Lars O'Neil, en se harnachant à son siège placé à la poupe du *cabin cruiser*, à côté des deux autres prévus à l'intention de Yungan Lama et de la mienne.

Deux skippers nous aidèrent à nous installer et à nous équiper à notre tour. Me voyant découvrir avec curiosité ma canne et mon moulinet de dimensions inhabituelles pour moi, Lars O'Neil me demanda :

– C'est la première fois que vous allez pratiquer la pêche au gros ?

Je dus lui avouer que oui, c'était la première fois.

– Ne vous inquiétez pas, tout se passera bien. Je suis certain que vous avez toutes les qualités nécessaires, me dit-il d'un ton rassurant, approuvé par un hochement de tête confiant de Yungan Lama. Puis il lança sa ligne avec toute la dextérité du vieil habitué.

Nous pêchions maintenant depuis près de deux heures. Lançant régulièrement avec force nos lignes. Actionnant vigoureusement nos moulinets. Au point que j'éprouvais des douleurs à tous les muscles de mon bras droit.

Mais rien. Pas la moindre touche pour aucun de nous trois. Yungan Lama et Lars O'Neil n'en demeuraient pas moins impassibles et sereins. Comme si leurs multiples tentatives infructueuses n'entamaient en rien leur détermination. Comme si *attendre patiemment une première prise* faisait partie intégrante et naturelle de la réussite de leur partie de pêche en mer.

Du coin de l'œil, Yungan Lama dû remarquer mon air dépité, qui devait se lire à livre ouvert sur mon visage. Comme s'il énonçait une évidence, il se contenta de me dire :

– La « sereine patience » est une clé de succès qu'on ne répétera jamais assez. Que ce soit à la pêche au gros, dans le trading ou dans toute autre activité humaine. Puis, impavide, il relança sa ligne encore une fois.

– Les paroles d'un roc de volonté, homme d'expérience et sage qui plus est, commenta seulement Lars O'Neil, sans quitter l'horizon des yeux. Car le ciel se couvrait progressivement de gros nuages sombres de plus en plus épais. De plus en plus menaçants. Si bien que la lumière avait pris des tonalités crépusculaires.

– Nous allons essuyer un bel orage. Accrochez-vous, ça va cogner, grommela Lars O'Neil d'un ton détaché. La mer s'agitait de plus en plus. Les vagues dépassaient maintenant la coque du bateau. J'eus un moment l'impression que ma dernière heure était arrivée. Le comportement imperturbable de mes deux compagnons me fit alors réaliser pleinement un fait qui ne s'était jamais imposé avec autant de force à mon esprit : en cas de revers ou de difficultés, la plupart des gens réagissent en s'énervant ou en paniquant. Ce qui revient à se placer dans les pires conditions pour trouver des solutions aux problèmes qui se posent.

Une fois le calme revenu, je ne pus m'empêcher de demander à Yungan Lama comment il faisait pour rester si imperturbablement serein en de telles circonstances.

– Là ou je suis, je vis. Et toujours passionnément. Peu importe où je suis et ce que je vis, se contenta-t-il de me répondre.

J'en tirai la conclusion que, plus les choses traînent ou vont mal, plus il faut vivre l'instant présent avec calme et optimisme. On dispose ainsi de l'intégralité de ses moyens de réflexion et de d'action. Cela aussi devait *s'apprendre*, j'en eus la certitude. Et dans une mer redevenue, elle aussi, sereine, je relançai ma ligne comme si c'était la première fois, en m'efforçant de ne pas penser à toutes mes tentatives infructueuses précédentes.

Il tombait maintenant une pluie diluvienne. Une pluie drue et glacée qui nous cinglait le visage, poussée par les bourrasques du vent qui avait tourné au nord.

C'est alors que je ressentis une vive tension sur ma ligne. Je faillis en lâcher ma canne, qui avait brutalement pris une courbure inquiétante. Mon premier réflexe fut de reprendre du fil, accentuant encore plus la courbure préoccupante de ma canne, qui me sembla sur le point de se briser net.

– Donnez-lui du mou ! me dirent en chœur Yungan Lama et Lars O'Neil. Ce que je m'empressai de faire.

Ma canne reprit un profil normal et le fil se détendit, ballotté en tous sens par les crêtes des vagues qui venaient heurter bruyamment les flancs du navire. Mais le répit fut de courte durée. Sous l'effet d'une nouvelle secousse, j'eus l'impression que mes deux épaules venaient de m'être arrachées. Et ma ligne se retrouva aussi tendue qu'une corde de violon.

Par un geste rotatif de l'index, Yungan Lama m'indiqua qu'il me fallait encore donner du fil à ma proie. Puis, confirmé par un hochement de tête approbateur de Lars O'Neil, il me souffla :

– Nous voilà partis pour un long bras de fer avec le gaillard que vous avez ferré, John. Il va falloir vous armer de patience et de persévérance.

À peine avait-il dit ces mots, qu'une autre secousse, encore plus violente que la précédente, faillit tout emporter. La ligne, ma canne, mon siège et moi avec. J'étais trop affairé pour regarder ma montre, mais ma lutte pied à pied avec ma prise dura une bonne heure. Rien ne m'aurait fait renoncer. J'avais trop envie de remporter ce *mano a mano* avec ma proie. Mètre par mètre, parfois centimètre par centimètre, je la ramenai péniblement sous le bastingage. Et, aidé par Lars O'Neil et Yungan Lama qui s'étaient munis de gaffes, je réussis à la hisser à bord, où elle continua à faire des bonds impressionnants sur le pont avant que notre hôte ne l'assomme.

Nous restâmes tous trois debout, immobiles et silencieux, à contempler cet énorme poisson maintenant inerte. Moi, heureux mais en nage malgré la pluie qui continuait à tomber obstinément.

– C'est un barracuda qui doit bien peser dans les 40 kg et mesurer son mètre quatre-vingts, le bougre ! Bravo John, superbe prise ! commenta admirativement Lars O'Neil, sans se rendre compte qu'il m'avait appelé par mon prénom comme Yungan Lama. Mais ce détail me parut dépourvu d'importance, comparé à la victoire que je venais de remporter sur *moi-même*.

Nos deux skipers emportèrent le barracuda, puis Lars O'Neil me donna une chaleureuse tape sur l'épaule et nous déclara :

– Nous avons bien mérité d'aller manger un morceau, messieurs ! avant de nous précéder à l'intérieur du bateau. C'est alors que je regardai enfin ma montre. Il était 4 heures de l'après-midi !

Yungan Lama prit la parole en premier, après que Lars O'Neil ait donné l'ordre de regagner le port en raison d'un bulletin météo annonçant un avis de tempête sur zone.

– Il y a quand même de curieux hasards dans la vie, dit-il en s'adressant à Lars O'Neil. Aujourd'hui, j'avais prévu d'aborder avec John les quatre vertus du grand trader. Et voilà que notre partie de pêche mouvementée est venue les illustrer à point nommé. Au point d'ailleurs qu'on pourrait penser que tout cela avait été manigancé d'avance, ce qui n'est pas le cas, évidemment. Je n'ai tout de même pas engagé le barracuda pour qu'il vienne mordre à la ligne de l'un d'entre nous !

– Curieux, en effet ! commenta Lars O'Neil songeur, en se servant une part de melon blanc absolument délicieux.

– Très curieux même ! ajouta-t-il, manifestement perplexe, après un instant de silence.

– Dès qu'on écarte le rideau des apparences – et celui des habitudes qui nous rendent aveugles à la réalité – on découvre que nous sommes entourés de mystères insondables, remarqua Yungan Lama qui, lui, s'était contenté de se servir seulement deux kiwis joliment découpés.

– Pourriez-vous être plus précis ? Car le thème que vous abordez m'intéresse beaucoup, lui demanda Lars O'Neil qui, intrigué, en oublia un instant le contenu de son assiette.

Craignant que la conversation ne s'écarte du trading, je m'adressai à Yungan Lama, avant qu'il réponde à notre hôte :

– Et quelles sont ces vertus que doit avoir un grand trader ?

– La première, je ne le répéterai jamais assez, c'est de se doter d'une méthode d'intervention qui permet de prendre des positions fiables et constantes dans le temps. J'ajouterai que, plus encore qu'une vertu, c'est la *clé* de toute réussite !

Lars O'Neil, apparemment rassasié maintenant, reposa ses couverts dans son assiette et, s'adressant à moi, apporta avec conviction de l'eau au moulin de Yungan Lama :

– Je ne peux que confirmer ce que vient de dire mon ami Yungan Lama qui, comme vous le savez, est un grand expert. La méthode est la marque de tout bon trader et le *pilier* du succès en bien des domaines. J'ajouterai à ce propos...

Il s'interrompit un instant pour demander au *skippers* maître d'hôtel de nous servir du café, puis poursuivit :

– J'ajouterai, disais-je, qu'il faut être bien conscient de deux choses. Une bonne méthode constitue, pour un trader expérimenté, une sorte de *formule magique* qui finit par lui permettre de prendre position quand le marché lui offre les meilleures chances de gains, et de rester en dehors du marché quand ce n'est pas le cas. Mais elle a également pour avantages décisifs de *structurer* et de *discipliner* son esprit. C'est pourquoi je n'hésite pas à dire, *un trader qui gagne, c'est la méthode qu'il s'applique* !

Yungan Lama avait écouté avec attention ce que disait Lars O'Neil, exprimant par des mimiques répétées son complet accord. Après quelques instants de réflexion, il remarqua :

– Jouer en Bourse et perdre beaucoup d'argent, c'est à la portée de tout le monde. Le plus difficile, en définitive, c'est de se *contrôler soi-même* et de gérer son risque quand le marché va à contresens de nos positions. C'est là que se fait la différence entre le succès et l'échec.

À travers les hublots, je vis que la tempête devait se rapprocher. Le roulis avait pris une ampleur qui nécessitait d'avoir le pied marin. C'était apparemment notre cas à tous. J'en profitai pour demander à mes deux compagnons :

– Et quelle serait, selon vous, la deuxième vertu d'un grand trader ?

Sans hésiter une seconde, Yungan Lama et Lars O'Neil répondirent quasiment d'une seule voix :

– La mère de toutes les vertus, qui porte le nom de « persévérante constance » !

Ils rirent de leur belle unanimité et, après s'être priés mutuellement de prendre la parole, c'est Lars O'Neil qui développa leur point de vue commun :

– D'abord, je ne crois pas que ce que nous venons d'énoncer soit une qualité qui ne soit nécessaire que dans le trading. À ma connaissance, la persévérance et la constance dans sa mise en œuvre sont indispensables pour réussir dans toutes les formes d'activités humaines. Sauf à gagner au loto, on ne bâtit pas une fortune durable du jour au lendemain.

Il but une gorgée de son café, et poursuivit :

– S'il ne serait pas sérieux de contester le rôle essentiel de la persévérance et de son corollaire, la constance, il me paraît important de préciser pourquoi elles se révèlent déterminantes. Car l'énorme travail d'information sur les marchés et sur le contexte géopolitique et économique qu'un bon trader doit s'imposer doivent être le fruit d'une constante discipline. Et s'améliorer, sans cesse s'améliorer, doit être le fruit de la *persévérante constance*. Et cette qualité doit être encore plus soutenue, alliée à une discipline renforcée, après une période prolongée de pertes par exemple. Le tout, bien entendu, à condition d'avoir foi en soi-même et en sa méthode !

Yungan Lama prit la parole à son tour :

– Je ne peux qu'exprimer mon plein accord avec ce que vient de dire mon ami Lars. Mais je voudrais signaler une situation relativement fréquente, si ce n'est fréquente, où il est plus que jamais essentiel de faire preuve de persévérance, de constance et de discipline. Je veux parler des cas où les marchés *semblent démentir* une intuition bien ancrée, suivie d'une analyse que l'on a sur leur évolution à moyen terme.

– Pourriez-vous me donner un exemple ? demandai-je.

– Imaginez le cours du gaz naturel qui, après la crise de 2008, est resté désespérément bas pendant que le pétrole montait. On avait l'intime conviction qu'il sera bientôt fortement à la hausse. Là, il faut savoir tenir bon, mais jusqu'à un certain point : le point au-delà duquel nous estimons que notre analyse n'était pas pertinente. Là, il faut savoir couper ses positions. Et il faut une grande discipline pour le faire. Comme il faut une grande discipline et une grande confiance pour rester en position et patienter un peu plus longtemps que prévu. D'ailleurs, si vous prenez le gaz naturel, il aura fallu attendre plus d'une année avant de voir les cours reprendre le chemin de la hausse !

– À ce propos, fit remarquer Lars, je tiens à souligner un point essentiel : ne pas être sous-capitalisé. Autrement dit, avoir assez de capital pour suivre une position qui va contre vous.

Yungan Lami ajouta avec force :

– Lars, t'es toujours aussi fidèle à toi-même. Tu viens de mettre le doigt sur un point capital. L'argent en effet est, en trading, ce que sont les munitions pour une armée. Rien ne sert de trader si vous manquez de munitions. Mais à ce propos, je souligne que personnellement je ne dépasse jamais un levier[1] de 2 et le plus souvent, mes positions ont un levier autour de 0,5.

Une objection me vint à l'esprit :

– Mais si on éprouve notre conviction pour se rassurer inconsciemment parce qu'on a beaucoup perdu et qu'on *désire* se refaire à tout prix, au point de nier les évidences ?

C'est Lars O'Neil qui me répondit :

– C'est là qu'une méthode rigoureuse va révéler, entre autres circonstances, son rôle décisif. Comme elle démentira votre conviction, vous saurez que celle-ci n'est pas rationnelle et qu'elle se résume en fait à

---

1. *Levier* : montant engagé sur les marchés par rapport à votre capital. Un levier de 2 signifie que vous investissez par exemple 50 000 euros sur vos positions, alors que vous ne disposez que de 25 000.

une illusion. À condition de vous fier scrupuleusement à votre méthode, et non à votre *sentiment*, évidemment ! N'est-ce pas, cher ami ? ajouta-t-il en se tournant vers Yungan Lama.

– Bien sûr ! commenta brièvement celui-ci, avant d'évoquer une autre situation :

– Autre point où il faut absolument être persévérant, c'est dans la construction progressive d'une position solide, pour obtenir un résultat optimal par rapport à votre levier, sans lequel il n'y a pas de gains importants en Bourse.

– Incontestablement ! approuva Lars O'Neil.

Nous étions entrés dans la baie de San Francisco. Il pleuvait toujours autant. Mais la mer était nettement moins agitée, et le *cabin cruiser* avait retrouvé la stabilité qui en faisait un petit palace flottant.

– Que diriez-vous de passer au salon, nous y serons plus confortablement installés ? suggéra Lars O'Neil, que ses multiples activités n'empêchaient apparemment pas de cultiver un art de vivre d'un goût très sûr.

Digne d'une villa hollywoodienne, le salon du *cabin cruiser* était décoré et meublé luxueusement. Et équipé de toute la technologie high-tech que pouvait s'offrir un milliardaire, notamment de deux écrans à LED de 55 pouces qui occupaient quasiment tout un panneau mural.

Comme s'il avait lu dans mes pensées, Yungan Lama revint justement sur un point essentiel qui marqua mon esprit :

– La plupart des gens croient à tort que les grosses plus-values en Bourse se font sur l'augmentation subite et spectaculaire de la cote d'un titre. Le cas existe, c'est certain, mais ce n'est pas le plus fréquent. Et surtout, ce n'est pas ainsi qu'on gagne rationnellement beaucoup d'argent. On gagne durablement en travaillant des positions bien construites avec des produits tels que les contrats sur futures ou les options d'achat ou de vente sur indices ou matières premières, par exemple. Un bon trader n'est pas quelqu'un qui a de bons tuyaux ou une chance insolente. C'est un tacticien lucide et scrupuleux qui applique avec discipline une stratégie raisonnée.

Le contraste entre l'image *réelle* qu'il donnait du trader et celle qu'en a le public était tel que je lui en fis la remarque :

– Le portrait que vous brossez du *vrai* trader est à des années-lumière du spectacle qu'offrent les médias !

– C'est certain, mon cher John ! Du reste, vous avez employé à juste titre le terme « spectacle ». C'est bien de cela dont il s'agit. Tout dans l'apparence. Bien peu, sinon rien, dans le fond. C'est pourquoi, la plupart du temps, et vous l'avez sûrement remarqué, les *golden boys* font trois petits tours sous les *sunlights* des marchés avant de disparaître définitivement dans la trappe de l'oubli !

– Les *golden boys* ne sont que des frimeurs qui n'ont rien dans la cervelle. Et on les a vus à l'œuvre pendant les crises boursières. Pas terrible terrible pour 90 % d'entre eux, commenta laconiquement Lars O'Neil.

Yungan Lama l'approuva sans réserve :

– Je suis d'autant plus de votre avis, Lars, qu'une autre vertu cardinale du grand trader est l'*humilité*. En matière de trading, comme en tous domaines d'ailleurs, l'ego est l'ennemi de la réussite et du succès. Trop d'ego tue la lucidité et verrouille la personnalité.

Et, se tournant vers moi :

– Pour votre bien, surtout ne l'oubliez jamais, John ! La grosse tête, c'est l'accès garanti à la vallée des perdants !

À mon intention, Lars O'Neil surenchérit :

– L'humilité est comme un sésame qui ouvre toutes les portes. Et c'est une des caractéristiques du grand trader. Car un ego surdimensionné met un trader en péril. Il est susceptible, et même il risque fort, de le conduire à faire les pires erreurs. Tout particulièrement *quand il gagne*, en provoquant chez lui un sentiment terriblement trompeur d'infaillibilité et d'invulnérabilité.

– D'où cette ligne de conduite dont il ne faut jamais déroger, précisa Yungan Lama : rester *modeste*. Toujours et toujours modeste ! Surtout et à plus forte raison quand on remporte des succès dont on pourrait légitimement être fier et se flatter. Des gains importants peuvent provoquer une euphorie et une surestimation de soi à hauts risques.

Lars O'Neil et lui étaient décidément sur la même longueur d'ondes :

– Souvenez-vous qu'à Rome, derrière les généraux victorieux honorés du triomphe, se tenait toujours un esclave qui leur répétait sans cesse, pour qu'ils gardent la tête froide : « N'oublie pas que tu es mortel ! » Se prendre pour un dieu du marché, c'est la ruine assurée !

– En fait, le grand secret ou le grand art, c'est de ne pas se surestimer, sans pour autant se sous-estimer. Ni l'un ni l'autre ! dis-je.

Yungan Lama sauta sur l'occasion pour me rappeler son *idée maîtresse* :

– D'où toute l'importance de rester toujours l'attention rivée sur sa méthode. Elle doit devenir votre seconde nature. Un grand trader est *dans* sa méthode. Pas dans son nombril !

Comme le mauvais temps persistait, Yungan Lama s'était inquiété de notre retour à l'ashram. Lars O'Neil avait appelé le service météo de l'aéroport, qui lui avait annoncé la fin du passage de la dépression en début de soirée, vers 20 heures.

Notre hôte nous avait donc invités à dîner avec lui sur le bateau, ce qui nous permettrait d'attendre en sa compagnie des conditions météo favorables. Après quoi, il demanda au skipper de nous envoyer le cuisinier du bord, qui ne tarda pas à faire son apparition. Et après s'être informé de nos désirs, il nous proposa un repas léger : huîtres, soles meunières au champagne et aux petits légumes et, en dessert, un sorbet au citron.

Je me fis la réflexion que si, selon l'adage, l'argent ne fait pas le bonheur, il le rend tout de même sacrément confortable. Puis nous en revînmes à notre débat sur les quatre vertus clés des grands traders.

C'est Yungan Lama qui reprit la parole en premier :

– À propos de prudence, elle est justement, selon moi, la quatrième qualité essentielle des traders qui réussissent.

– Si le trading n'est en rien un jeu de hasard, enchaîna Yungan Lama, il faut tout de même tenir compte des côtés souvent irrationnels des interve-nants.

– À trop en tenir compte, ne risque-t-on pas de deve-nir alors timoré ou frileux ? demandai-je à Yungan Lama.

– Absolument pas. Par exemple, il faut accroître sa position quand le marché est favorable et va dans votre sens mais, dans le cas contraire, couper rapi-dement ses pertes s'avère le plus souvent néces-saire. Il ne faut pas *mégoter* ou jouer petit jeu comme un boursicoteur, mais ne pas non plus avoir peur d'*investir franchement* quand on se sent en *terrain plus sûr.*

– Pour ma part, par exemple, je n'engage des sommes importantes et ne me mets en levier de deux que lorsque je me sens en phase absolue avec le mar-ché. Ce n'est pas une garantie de ne jamais subir de pertes, mais ça les limite sacrément, croyez-moi ! ajouta Lars O'Neil.

– Ce que vient de dire mon ami Lars est essentiel, poursuivit Yungan Lama. Car laisser filer ses pertes accroît de manière exponentielle les risques de pani-quer, donc de commettre l'erreur de couper vos posi-tions au pire moment, sous l'effet d'une pression morale trop forte.

Une remarque me vint à l'esprit :

– Si je comprends bien, il est indispensable de ne jamais se laisser prendre au piège redoutable d'une *spirale de l'échec.*

– Oui, John, c'est exactement ça. Le secret, c'est d'être le plus souvent possible dans un climat finan-cier et moral de *gagne.*

– Les deux grands dangers qui guettent le trader, reprit Lars, sont la panique qui nous pousse à faire n'importe quoi et se croire Dieu le Père, qui nous fait faire des actions totalement irrationnelles !

Nous avons continué à parler pendant le dîner. Puis, après avoir remercié chaleureusement notre hôte de son accueil, nous prîmes congé. Mais il ne l'entendit pas de cette oreille. Il tint à nous raccompagner lui-même à l'aéroport. Ce qui témoignait de sa part d'une estime toute particulière à notre égard, me confia plus tard Yungan Lama, une fois que nous fûmes seuls dans l'avion.

Le vol San Francisco-Sacramento se déroula sans encombre.

À minuit, nous étions de retour au ranch. Yungan Lama fit aux membres de la communauté encore debout un récit épique de mon affrontement « titanesque » avec le barracuda. De quoi renforcer certainement ma réputation de *born for* au sein de l'ashram.

Chapitre 12

L'alpha et l'oméga du trading

« Le talent a besoin de gestion. »
André SIEGFRIED

La clé

Si la vie est faite d'imprévus, je sais aujourd'hui que la chance, c'est de savoir les embrasser.

Ce matin, pas de Yungan Lama en vue. Un événement imprévu, dont j'ignorais encore toute la portée, l'avait contraint à quitter le ranch.

Il avait chargé Sri de me prévenir que notre séance d'initiation du jour se déroulerait dans l'après-midi, à partir de 14 heures.

Encore fatigué de la partie de pêche, j'en profitai pour traîner dans la salle à manger.

Je feuillettai d'anciens magazines disposés sur une table basse comme dans la salle d'attente d'un dentiste.

Mon attention fut attirée par un article consacré à l'équipe Ferrari de Formule 1. Son auteur mettait l'accent sur le travail minutieux fourni toute l'année par les membres du *team*, dans le but de remporter les quelques courses du circuit des grands prix internationaux.

Un travail énorme de tous les jours, pour quelques heures de compétition !

Je lus également un article passionnant, sur l'ancien industriel nommé Fritz Schlumpf, dont Yunga Lama m'avait raconté la fabuleuse histoire. Cet homme était le créateur de la plus importante collection de voitures anciennes au monde. Six cents voitures entièrement restaurées. Un génie dont le sens du détail fut poussé au point qu'il réussit, en 1970, à créer une reproduction à l'identique de la fameuse Bugatti royale.

Lisant ces deux articles, je ne pus m'empêcher de faire un parallèle avec l'activité d'un bon trader telle que me l'avait décrite Yungan Lama. Un très gros travail d'information, d'observation des marchés, de réflexion stratégique. Et des opérations seulement quand des opportunités se présentaient.

Le respect scrupuleux d'une méthode efficace, un grand contrôle de soi et une discipline rigoureuse constituent les « garde-fous » du grand trader.

Yungan Lama fut de retour pour le déjeuner. Comme il ne fit aucun commentaire sur les raisons de son absence, je m'abstins de lui poser la moindre question à ce sujet. Mais je lui parlai des réflexions que m'avait inspirées l'article sur le team Ferrari et celui sur Fritz Schlumpf. Il me répondit que, curieusement, il avait prévu d'aborder cette question au cours de notre entretien de l'après-midi. Et il poursuivit par un commentaire sur ce qu'il appelait la *convergence des pensées*, sorte de transmission de pensée entre les êtres qui ont de profondes affinités. Était-ce une allusion indirecte à mon statut de *born for* ? Impossible de le savoir avec un homme aussi subtil que lui.

Une heure plus tard, nous étions dans son bureau, assis autour de nos cafés, ce qui était devenu pour nous un rituel que nous respections aussi scrupuleusement qu'il faut respecter sa méthode de trading. Et c'est dans le même état d'esprit que nous terminâmes nos cafés, avant de commencer notre entretien.

– Avec juste raison, vous avez établi un parallèle entre le travail de fourmi du team Ferrari et celui auquel se livre un bon trader, qui sait *limiter* ses interventions sur les marchés aux moments qu'il juge opportuns.

– C'est, de sa part, une marque d'efficacité et de prudence ?

Yungan Lama acquiesça, poursuivant aussitôt :

– Être tout le temps sur les marchés n'est pas la solution pour gagner de manière constante. Les traders qui prennent le temps d'attendre les *meilleures opportunités* augmentent considérablement leurs probabilités de succès.

– Prendre position doit être le fait d'une convergence de raisons valables, si je comprends bien ?

– Bien dit, John, une convergence de raisons valables. Sinon, mieux vaut rester au lit. Souvenez-vous de Fritz Schlumpf. Il a procédé à l'achat de six cents voitures de collection en deux ans. Puis il mit vingt ans à les restaurer pour en faire une collection homogène. L'un de ses coups de génie fut lorsqu'il acquit ses six cents autos. Le marché des voitures anciennes était au plus bas. Il s'envola dans les deux années qui suivirent. Mais sa collection était faite. Il avait frappé un grand coup avant tout le monde. Aujourd'hui, la valeur de la collection Schlumpf avoisine le milliard d'euros. Or il l'a acquise l'équivalent d'un seul million d'euros il y a quarante ans ! Bluffant, non ?

– Il faut donc *agir massivement, mais* au bon moment ? demandai-je.

– Entre autres, oui. À l'image du guépard, animal docile et capable d'attendre toujours le meilleur moment pour attaquer sa proie, le trader d'exception sait attendre le moment idéal pour se positionner. Et si son scénario ne se valide pas, il sait sortir du marché, ou tout au moins gérer ses positions, pour éviter des pertes qui s'amplifient et deviennent trop douloureuses.

Intuitivement, je savais que ce qu'il venait de dire n'était qu'une entrée en matière. Que le meilleur restait à venir. Et ce fut bien le cas :

– La gestion du risque est sans doute la clé la plus essentielle pour réussir sur les marchés comme dans les affaires.

Après ma déroute boursière, qui m'avait amené à l'ashram suivre son enseignement, Yungan Lama trouva en moi un auditeur particulièrement réceptif. J'aurais voulu avoir quatre oreilles pour ne pas perdre une miette de ce qu'il m'apprenait. Aussi, je lui demandai :

– Vous venez de me dire que la gestion du risque est une clé fondamentale pour réussir sur les marchés et dans les affaires en général. Pourriez-vous me donner plus de détails à ce sujet ?

– Comme je vous l'ai répété plusieurs fois, John, le trading est d'abord et avant tout une question de discipline de l'esprit et, par conséquent, de méthode. Mais pour avoir les idées claires, encore faut-il se trouver dans un état d'esprit qui s'y prête. Sommes-nous d'accord ?

– Parfaitement ! lui répondis-je.

– Or 97 % de ceux qui opèrent sur les marchés ont un comportement moutonnier. Le dernier krach, comme tous les autres krachs d'ailleurs, en est la plus belle illustration. La fameuse crise des *subprimes* aussi. Car tous les banquiers se sont mis, au même moment, à se repasser des produits financiers hybrides, à base de dette immobilière et de je-ne-sais-quoi encore. Et au pire de la crise, le marché a fortement rebondi. C'est dire combien est vraie la maxime que j'ai faite mienne : « La Bourse voit du mieux quand tout le monde broie du noir. »

– Ce qui prouve à l'évidence, si je comprends bien, que les opérateurs se laissent « contaminer » par ce que fait la masse des intervenants ?

– Voilà qui est bien résumé, John. Regardez par exemple la panique qui se généralise lors d'un krach. Les intervenants perdent leur sang-froid et leur objectivité. Dès lors, ils se trouvent dans l'impossibilité de gérer les risques. En bref, la gestion du risque n'est plus qu'une *tempête d'émotions*. Il en est de même dans les affaires, quelles qu'elles soient.

Il s'était tu, comme s'il avait été au bout de son idée. Mais il se ravisa :

– Reprenons. Fritz Schlumpf fut un industriel du textile. C'est de là que venait sa fortune, celle qui lui permit de constituer sa collection. Mais dans les années soixante-dix, toutes les industries de textile françaises allaient mal. La faillite n'était pas loin. Pour les grands patrons de cette filière, ce fut la déroute. Y compris pour Fritz Schlumpf. Mais lui, au lieu de mettre son argent à l'abri, il plaça la plus grosse part de sa fortune dans son musée. Et lorsque la révolte des ouvriers gronda, il fut contraint de partir en exil pour ne jamais plus revoir son musée, qui fut nationalisé. Injustice suprême pour cet homme, auquel on a tout pris et qui n'était en rien responsable de la crise du textile.

– Mais quel rapport avec la gestion du risque ? demandai-je.

Sa réponse fut immédiate et sans ambiguïté :

– Parce que tout indiquait qu'il ne devait pas créer son musée en France. Plusieurs signes précurseurs l'avaient en outre averti du risque de saisie de son musée. Le prince Rainier de Monaco lui avait d'ailleurs offert de l'abriter. Un signe de la providence que Schlumpf n'a pas su voir. En réalité, il tenait, coûte que coûte, à faire son musée dans sa ville natale. Son attachement sentimental lié à sa mère, qui était Mulhousienne, avait pris le dessus sur la raison. Sentiments et business ne font jamais bon ménage.

– Si nous ramenons cela au sujet qui nous occupe, je veux parler des traders, c'est un peu la même chose. Il ne faut pas s'attacher à une position ou à une action comme si on avait un lien affectif avec elle, fis-je remarquer.

– Je vois que vous comprenez de mieux en mieux, John. Les traders en effet, lorsqu'ils sont en proie, selon le cas, soit à une inquiétude susceptible de provoquer chez eux des espoirs totalement infondés, soit à des blocages émotionnels qui les empêchent de prendre les décisions qui s'imposent, augmentent considérablement les risques de perte.

– Pourrait-on dire qu'ils se mettent alors en quelque sorte sur le mode espoir ?

– Exactement. N'oubliez jamais que l'éventualité la plus lourde de risques est celle où l'on nourrit des espoirs infondés. C'est pourquoi il faut impérativement éviter d'entrer sur le *mode espoir*, qui ne permet plus d'analyser pratiquement et sereinement la situation réelle du marché. La ruine n'est jamais loin dans ce type de gestion.

– Oui, mais comment l'éviter, justement ? lui demandai-je.

Encore une fois, j'eus nettement le sentiment qu'il pesait soigneusement la manière dont il allait formuler sa réponse :

– D'abord, en vous souvenant toujours que gagner n'est pas une question de chance, de hasard ou de bons tuyaux. Mais de méthode. Et que travailler en Bourse l'esprit *froid* et *serein* est l'une des bases de toute méthode sérieuse. Faire en sorte de rester toujours sur le *versant sérénité* est un des secrets de la réussite. Pensez à l'image du tireur d'élite, qui se doit d'être serein et concentré.

Là, une question me sauta à l'esprit :

– D'un point de vue pratique, comment savoir qu'on est bien sur ce versant sérénité ?

– Tant que vous êtes capable de *tenir compte de vos gains potentiels*, votre objectif, sans *jamais négliger vos pertes possibles*, vous pouvez avoir la certitude que vous êtes toujours sur ce bon versant. C'est de cette manière que vous serez en sécurité. Que vous saurez bien gérer vos risques. Là aussi, pensez au tireur d'élite. S'il tremble, il loupe sa cible.

J'allais formuler une objection lorsqu'il y répondit avant que je n'ouvre la bouche :

– Je voudrais ajouter un point essentiel. Soyez toujours pleinement conscient que le fait de couper une mauvaise position n'est pas à mettre à la rubrique des « pertes », mais des « opportunités latentes ».

– Que voulez-vous dire ?

– C'est très simple. Couper une position perdante permet souvent de se libérer du poids émotionnel de la perte. Et de passer à autre chose. Tant qu'on est en position, on ne perçoit pas le marché de manière totalement neutre et détachée. On le perçoit d'une manière partisane, subjective, comme hypnotisé par ce qu'il devrait être en fonction de la position qu'on a prise. Et plus le marché va contre cette position, plus on est hypnotisé et irrationnel.

Ce dernier propos de Yungan Lama me persuada encore un peu plus que les émotions du trader constituent son principal adversaire. Et surtout, son principal facteur de risques.

Ce qu'il ajouta alors me conforta dans mon opinion :

– Un trader doit avoir une bonne tolérance aux pertes et savoir tenir des positions avant que le marché ne lui donne raison. Mais il ne doit jamais être entêté au point d'être en perte d'espoir ou de repères. Par conséquent, avant tout trade, quel qu'il soit, il doit avoir un plan et le respecter. Un plan qui définit les *zones dangereuses* pour son capital et, par conséquent, les niveaux où, quoi qu'il advienne, il coupera ou allégera sa position. Le secret pour y parvenir consiste à, soit couper ses positions pour repartir sur de nouvelles bases, soit *hedger*[1] ses positions pour limiter la casse. Soit, enfin, manager ses positions de manière à faire des écarts dans le sens opposé à celui qui creuse les pertes.

– En fait, le bon trader est quelqu'un qui, gardant toujours présente à l'esprit la *stratégie qu'il a choisie*, ne prend *que des risques calculés* et mesurés en fonction de critères objectifs.

– Notamment l'effet de levier qu'il peut consacrer à son trading, remarquai-je pour moi-même à haute voix.

– C'est tout à fait ça ! s'exclama Yungan Lama, apparemment satisfait de mon commentaire à en juger par le large sourire qu'il m'adressa, avant de compléter :

– *Money managment must be your master*[2] ! devrait être la devise de tout bon trader.

Je surenchéris :

– En réalité, ce ne sont jamais les autres ou les marchés qui sont responsables de nos erreurs. Perdre du temps à accuser les autres ou les circonstances est le

---

1. Couvrir une position initiale perdante par une autre position, opposée. Par exemple, en faisant des allers-retours sur la couverture avec un sens prioritaire inverse de la position initiale.
2. Littéralement : la gestion de l'argent doit être votre maître !

meilleur moyen de ne pas progresser. Ces procès tous azimuts sont encore du domaine de l'irrationnel. Alors que le trading consiste, ou devrait consister, en une *rationalisation* la plus complète possible d'une *intime conviction* qu'on a acquise sur l'évolution à venir des marchés.

– L'élève dépassera bientôt le maître ! plaisanta Yungan Lama.

Il ne put d'ailleurs s'empêcher d'ajouter :

– Je ne me suis pas trompé en pensant que vous êtes un *Born for* !

– C'est-à-dire ? lui demandai-je inopinément, dans l'espoir qu'il se laisserait aller à en dire plus. Mais il ne fut pas dupe de ma petite ruse :

– Allons, un peu de patience, John ! Du reste, ne vous ai-je pas dit qu'un bon trader doit savoir se montrer patient ? Alors, soyez-le encore un peu, ça ne sera que meilleur le jour où vous saurez ! me répondit-il en souriant malicieusement.

Je commençais à bien connaître Yungan Lama. Il était de ces hommes qui, lorsqu'ils ont quelque chose d'important à dire, se mettent à parler doucement en détachant soigneusement leurs mots et en baissant le ton. Au contraire des gens qui n'ont rien à dire, convaincus *à tort* qu'en parlant fort, voire en hurlant, on les écoutera et comprendra encore mieux.

Or, c'était tout juste s'il ne s'était pas mis à murmurer. Au point que je dus me montrer très attentif pour ne rien perdre ce qu'il s'apprêtait à me confier et qui devait revêtir à ses yeux un intérêt tout particulier :

– Quand vous entrerez en position sur les marchés, ce qui ne saurait tarder, ayez toujours présent à l'esprit le *sens prioritaire* imposé par la conjoncture boursière !

– C'est-à-dire ? lui demandai-je, intrigué.

– C'est simple. Lorsque le marché est baissier, les vendeurs ont la main. En ce cas, le sens prioritaire est *vendeur*. Dit autrement, la tendance générale à respecter est à la vente. Et il convient de ne pas oublier, si on est acheteur dans un marché baissier, que le sens prioritaire est à la baisse. Donc de profiter des rebonds pour vendre ou faire des écarts avec une priorité vendeuse, justement. Suis-je clair ?

– Tout à fait !

– À l'inverse, poursuivit-il, un marché haussier donne un sens prioritaire *acheteur*. Ce qui est d'ailleurs valable pour tous les actifs, même dans la vie courante, en ce qui concerne l'immobilier par exemple.

– L'immobilier ou tous les marchés quels qu'ils soient ! remarquai-je. Ce fait allant de soi selon moi.

– Bien sûr ! approuva Yungan Lama, avant d'ajouter :

– Pour en finir avec l'exemple de l'immobilier, qui s'applique également aux marchés boursiers, quand son sens prioritaire est acheteur, les prix montent, naturellement ! Mais, et là nous en revenons au cas général, c'est-à-dire à l'ensemble des marchés, *anticiper* une baisse ou reconnaître un point culminant, *un plus haut*, n'est pas facile. Sauf pour un certain nombre d'initiés.

– Comment font-ils ? j'étais évidemment curieux de le savoir.

– Sur les marchés, il y a des zones de prix *au-delà* et *en deçà* où le sens du marché change. Ces zones de prix peuvent être déterminées par des outils techniques. Si je prends mon propre exemple, j'utilise notamment les indicateurs de Tom Demark[1] et certaines figures chartistes. Mais aussi le *News Flow* des chiffres micro et macroéconomiques, ainsi que des nouvelles géopolitiques. Enfin, comme je vous l'ai déjà dit, j'utilise le concept *Ichimoku Kinko Hyo*. Cet outil m'aide à entrer dans ce que j'appelle la zone des initiés. Nous y reviendrons. Et je vous montrerai comment ça marche *pratiquement*.

Il s'était tu, apparemment très occupé à réfléchir intensément à ce qu'il venait de me dire. Et ce n'est qu'après quelques instants qu'il ajouta, comme s'il était parvenu à une synthèse de ses propos :

– Des erreurs, tout le monde en commet. Ne serait-ce que parce que les marchés peuvent changer de sens inopinément et de façon imprévisible. Mais la pire des erreurs est de penser qu'on a raison contre le marché. Être un bon professionnel, c'est être en tout temps, capable de gérer ses risques. C'est savoir respecter toutes les règles du trading en temps réel. Les outils techniques peuvent alors – et alors seulement – donner leurs pleines capacités.

Et après un nouveau moment de silence :

– Rien n'interdit d'être *contrariant* et de construire des positions à l'inverse du sens prioritaire. C'est du

---

1. Tom DeMark, célèbre analyste financier, a œuvré avec de grands traders tels George Soros, Paul Tudor Jones, Leon Cooperman, Robert Rubin et bien d'autres. L'objectif central de son approche est la mise en évidence des signes précurseurs concrets de retournement de tendance des marchés.

reste ce que je fais souvent. Mais en gardant toujours ce que je viens d'évoquer présent à l'esprit. Et toujours dans le but d'anticiper *l'inversion* du sens prioritaire, mais sans rester buté.

Puis, en guise de conclusion, il ajouta :

– Pour me résumer, si vous êtes prioritairement vendeur sur un marché haussier, vous allez donc *contre* le marché. Soyez par conséquent extrêmement attentif aux points techniques et surtout ne soyez pas gourmand à outrance. Je souligne, et plutôt deux fois qu'une, que vous ne devez jamais oublier que le sens prioritaire peut changer à tout moment. D'où l'importance de construire vos *positions contrariennes*, à la vente comme à l'achat, sur la base d'éléments précis réunis préalablement. Et n'oubliez jamais non plus, cher John, ce qu'a dit Warren Buffet au sujet des traders qui s'engagent sans « parachute » : « On ne découvre ceux qui nageaient nus que lorsque la marée se retire. »

Il ne pouvait pas être plus clair et plus concis.

Yungan Lama avait envie de se dégourdir les jambes. Moi aussi.

Pendant qu'il remettait de l'eau dans la machine à expresso, il me dit :

– J'ai demandé à Sri de vous aménager une cible à côté du corral pour que vous puissiez vous familiariser avec l'arc que vous a offert *Éclair du matin*.

Je le remerciai de son attention, et j'ajoutai que ce serait avec plaisir que je pratiquerais cette activité. En posant nos deux tasses sur son bureau, il me répondit que c'était bien naturel, puis passa à autre chose qui l'intéressait manifestement beaucoup plus :

– Il y a quelques instants, vous m'avez parlé *d'intime conviction* acquise à propos de l'évolution des cours sur les marchés. Je suis pleinement d'accord avec vous. Mais je tiens cependant à préciser qu'il y a intime conviction et intime conviction.

– Comment ça ? lui demandai-je.

– Je veux dire par là que l'on peut parfaitement éprouver une intime conviction si l'on est anxieux, profondément pessimiste ou, au contraire, trop optimiste ou impatient de se « refaire » par exemple. Dans chacun de ces cas, vous admettrez que l'intime conviction éprouvée est *biaisée*, et même *déformée*, par le sentiment que l'on ressent.

Je voyais parfaitement où il voulait en venir. Mais il me devança :

– La « bonne » intime conviction, c'est-à-dire celle nécessaire à une gestion efficace du risque, doit être acquise quand on est *émotionnellement neutre,* donc objectif.

– Et je suppose qu'il en est de même à propos des *intuitions,* des *pressentiments* ou des *traits de génie* qu'on peut avoir, ajoutai-je.

– Exact ! Nos pensées, nos convictions, sont fortement influencées par nos émotions. Nous n'avons pas la même opinion sur une personne ou sur une chose selon notre humeur du moment. La plupart des gens ne le savent pas et n'en ont d'ailleurs absolument pas conscience. Pourtant, c'est la première chose que l'on devrait enseigner à un décideur, et à un trader notamment.

J'exprimai à haute voix la réflexion que ses propos m'avaient inspirée :

– Si je résume votre pensée, nous pensons *avec* nos émotions. Ou, du moins, à travers le *filtre mental* qu'elles représentent pour nous.

– Je ne l'aurais pas mieux formulé, John !

– Et à propos d'émotions, dans une méthode de trading, la gestion des niveaux de pertes doit être réglée à hauteur des *seuils de tolérance émotionnelle* de chacun.

– Autrement dit ? lui demandai-je.

– Il ne faut jamais atteindre son niveau de *rupture émotionnelle*. Niveau de rupture émotionnelle à la hausse des gains, mais aussi et surtout dans les moments de pertes. C'est le niveau auquel on perd pied et où l'on commence à faire n'importe quoi. Là, ça devient grave. Pour prendre un exemple, une personne risque 100 et se sent parfaitement bien, alors qu'une autre risque la même somme et a du coup le moral en berne. Dès ce moment, elle ouvre en grand les portes de la ruine !

Mesurant toute l'importance de ce qu'il venait de dire et qui était évident, je le devançai pour tirer la conclusion de ses propos :

– Si l'on a une *aversion* au risque, inutile d'aller sur les marchés. Ce serait la faillite quasi assurée. Mieux vaut dans ce cas travailler sur soi pour augmenter nettement sa tolérance au risque. Car la vie n'est-elle pas une prise permanente de risques ?

– Vous avez mis dans le mille, mon cher John !

C'est alors que le téléphone sonna. Yungan Lama s'excusa et décrocha. À ce que je crus comprendre, c'était son secrétariat qui, apparemment, lui demandait s'il pouvait lui transmettre un appel extérieur urgent. Il accepta et eut une conversation de plusieurs minutes avec un interlocuteur auquel il donnait, sans plus de précisions, le titre de Monsieur le président. Puis, après avoir assuré à ce dernier qu'il serait à Washington dans la soirée, il raccrocha, avant de me dire :

– Je suis navré, John. Nous allons devoir interrompre notre séance. Je dois m'absenter. Je ne m'y attendais pas du tout.

Et après un court silence, il ajouta :

– À vous, je peux le dire. Je suis, officieusement bien sûr, le conseiller privé de certaines personnalités du monde de la politique et de la finance. On fait appel à moi quand il faut résoudre des problèmes que je qualifierai de délicats. C'est le cas aujourd'hui. Il se prépare un sérieux « coup de tabac » sur les marchés.

– Il va y avoir de la pression vendeuse ? lui demandai-je.

– Effectivement ! Dans le climat de crise actuel, tout le laisse prévoir. Mais je compte évidemment sur vous pour garder cette information strictement confidentielle, me répondit-il, avant de préciser :

– Il va sans dire que jouer en Bourse la baisse des marchés constituerait, de votre part comme de la mienne, non seulement un délit, mais également un grave manquement à *l'éthique qui doit être la nôtre* !

– Il va sans le dire ! répétai-je en écho.

– Je n'en attendais pas moins de vous, John. Maintenant, je vais devoir vous laisser. On ne va pas tarder à venir me chercher pour me conduire à Washington DC.

Je m'étais rendu dans ma chambre pour rédiger mes notes. Assis à ma table, placée devant l'une des

fenêtres, je vis, en levant le nez par hasard, deux pa-
naches de poussière progressant à vive allure sur la
piste qui conduisait au ranch.

Je constatai bientôt qu'ils étaient provoqués par
deux berlines noires aux vitres teintées, qui, en
moins de temps qu'il ne faut pour le dire, stoppèrent
devant l'entrée de l'ashram.

Comme dans un thriller politique, je vis en sortir
six hommes qui semblaient avoir été faits dans le
même moule. Costumes sombres, Ray-Ban, visages
fermés, gestes mécaniques : des agents du service de
sécurité de la Maison Blanche.

L'un d'entre eux entra dans l'ashram, d'où il res-
sortit bientôt portant le sac de voyage de Yungan
Lama, qui le suivait. Tout le monde prit place dans
les voitures, qui repartirent comme elles étaient ar-
rivées, soulevant les mêmes épais nuages de poussière.

Je me doutais maintenant de qui avait appelé
Yungan Lama en consultation privée. Mais je ne
soupçonnais pas qu'un jour je serais amené, moi
aussi, à exercer des fonctions de conseiller occulte.

Pour le moment, je terminai la rédaction de mes
notes. Puis je décidai d'aller inaugurer la cible que
Yungan Lama avait fait préparer à mon intention.
J'avais bien mérité un moment de détente.

Dans le corral, Sri débourrait[1] un *yearling* anglo-
arabe superbe. Un animal magnifique, mais un peu
trop vif. Du moins d'après ce que je pus en juger. Car
j'avais d'avantage l'habitude de rencontrer des jog-

---

1. Premiers exercices disciplinés imposés à un jeune cheval qui n'est
   pas encore dressé.

gers dans Central Park que des chevaux de concours dans un ranch de Californie.

Nous avons échangé quelques mots tous les deux. J'en profitai pour le remercier et pour lui dire que la cible qu'il m'avait installée me convenait parfaitement. Puis j'allai me préparer pour une séance de tirs à l'arc qui fut, pour moi, l'occasion d'une prise de conscience étonnante.

Comme me l'avait indiqué *Éclair du matin*, je parvenais à *être* la tension de mon arc, la trajectoire de ma flèche et le cœur de ma cible. Complètement *déconnecté* de la réalité extérieure, au point de ne plus percevoir la présence de Sri, qui n'était pourtant qu'à une trentaine de mètres de moi.

J'étais une *conscience pure en action*. Et uniquement cela.

C'est alors que je réalisai que c'était cet état de conscience que je devrais atteindre chaque fois que je traderais. Que c'était la clé de mes succès et de ma réussite à venir. Et que c'était également le secret de la gestion du risque dans le trading, comme dans toute autre activité.

Le soleil commençait à baisser sur l'horizon et, au loin, les Rocheuses prenaient des reflets dorés. Sri venait de mettre fin à sa séance de dressage et ramenait le yearling dans son écurie. Je regardai ma montre et je constatai avec stupéfaction que j'avais tiré à l'arc pendant près de deux heures. Alors que j'aurais facilement parié que je n'étais là que depuis une trentaine de minutes !

Pendant tout ce temps, j'étais parvenu non seulement à être complètement, totalement, *immergé dans l'action*. Mais je m'étais également extrait d'une *tempo-*

ralité dont l'inexorable écoulement trouble trop fréquemment le cœur des hommes. Et leur fait commettre tant d'erreurs par l'impatience ou l'anxiété qu'elle provoque chez eux.

Je rangeai mon arc et mes flèches dans leur sac. Et je repris le chemin du ranch en éprouvant un *sentiment de sérénité aiguë*. Une sérénité qu'en l'absence d'autre exemple je comparai à l'attention soutenue de l'aigle volant majestueusement au-dessus du sol prêt à fondre sur la première proie qui se présenterait.

C'est alors que je pris conscience que, dans le trading, comme en toute autre activité humaine de haut niveau, la réussite dépend étroitement de *l'état d'esprit* dans lequel on agit. Aujourd'hui, avec le recul du temps et de l'expérience acquise, je dirais que ce qui fait le grand trader, c'est certes sa méthode, mais tout autant son *comportement* devant une réalité *apparemment* aléatoire.

Je venais de rentrer au ranch et j'allais me mettre à table, quand la secrétaire particulière de Yungan Lama m'avertit qu'il était au téléphone et qu'il désirait me parler. Il avait l'air pressé.

En langage télégraphique, il me dit *qu'on* souhaitait ma présence à Washington et que je devais me préparer rapidement pour un court séjour dans la capitale fédérale.

Le temps de prendre une douche, de mettre un costume présentable et de jeter quelques affaires dans mon sac de voyage, j'étais prêt. Je pensais qu'il ne me restait plus qu'à attendre le ballet de limousines noires que viendraient me chercher.

Mais, pour ma part, j'eus droit à un hélicoptère de la *Navy* qui se posa à proximité du ranch. Et à un seul homme en Ray-Ban et costume sombre, qui m'invita à monter à bord.

Une demi-heure plus tard, nous étions à Sacramento Airport où nous attendait un avion-cargo de l'armée, stationnant discrètement en bout de la piste de secours.

Quand il décolla, j'étais très loin de me douter de l'étrange réalité que j'allais bientôt découvrir. Ni que ce voyage imprévu allait être pour moi l'occasion de savoir enfin pourquoi j'étais un *born for*.

Chapitre 13

Je vole de mes propres ailes !

« L'économie restera la science principale
tant qu'on n'arrivera pas à se nourrir d'air
et de vent. »
Mihaly Tancsics

Crâne d'œuf

Ne pas poser la question, c'est parfois le meilleur moyen d'avoir la réponse.

En arrivant à l'aéroport de Washington DC, mon ange gardien et moi nous engouffrâmes dans une voiture grise de la *Navy*. Direction la Maison Blanche. Là, on nous conduisit dans un salon d'attente du premier sous-sol, dont la porte était gardée par un *Marine* en uniforme d'apparat. Et nous attendîmes près de deux heures.

Mon cornac demeurait obstinément muet comme une carpe. Et moi, l'estomac noué, je finissais par me demander ce que je faisais là.

Quand la porte s'ouvrit enfin, me tirant de ma somnolence déjà bien avancée, un homme d'une trentaine d'années entra. Genre intellectuel de choc. Probablement l'un des « crânes d'œuf » de l'équipe du président. Il se présenta et me demanda de le suivre. Pendant le parcours qui conduisait au rez-de-chaussée, il m'expliqua brièvement que, là où il m'emmenait, je ne devrais pas dire un mot tant que personne ne s'adresserait directement à moi. Une minute plus tard, nous nous sommes retrouvés devant une porte qui, selon les souvenirs que j'avais des reportages vus sur la Maison Blanche, devait être celle du Bureau ovale[1].

Sans frapper, le « crâne d'œuf » ouvrit la porte, la referma derrière nous et me demanda de rester à ses côtés, lui-même se plaçant le long du mur opposé à la baie vitrée donnant sur de vastes jardins.

Étaient présents et en grande conversation, outre le président et Yungan Lama, que je reconnus évidemment, six hommes d'âge mûr. Apparemment importants, mais dont j'ignorais tout.

Le président s'adressa à Yungan Lama en me désignant du regard :

– Ainsi, cher ami, voici donc le brillant garçon que vous m'avez chaudement recommandé et qui se trouve être un *born for* !

Pendant que le « crâne d'œuf » me soufflait à l'oreille d'avancer tout en gardant le silence et que tous les regards se tournaient vers moi, Yungan Lama répondit :

---

1. Le bureau du président à la Maison Blanche.

– En effet, Monsieur le président ! John W. Starck est non seulement un homme remarquable, mais il sera bientôt prêt à vous servir avec un entier dévouement. Vous pourrez compter sur lui les yeux fermés.

J'eus alors droit à ma minute de gloire[1], le président me gratifia d'un :

– Bienvenue à la Maison Blanche, John !

Puis, s'adressant au « crâne d'œuf » :

– Dick, vous voudrez bien vous occuper des formalités d'accréditation de Monsieur Starck. Je compte sur vous.

Ce qui, je l'appris plus tard, signifiait en langage codé présidentiel qu'il s'agissait d'un ordre impératif à exécuter d'urgence. Décidément, j'avais droit à tous les honneurs !

Pendant ce temps, ces messieurs étaient passés à autre chose. Ils s'entretenaient maintenant d'une tendance qui était apparue depuis quelque temps déjà. De vives tensions sur les marchés des dettes publiques, notamment, qui persistaient et montraient des signes très inquiétants.

Selon les commentaires de Yungan Lama, le risque d'un choc frontal entre banques centrales, fonds de pension, multinationales, matières premières et économies de la zone dollar n'avait jamais été si important. Le président rappela alors que le destin du dollar, comme celui des bons du trésor, était désormais une préoccupation majeure... ceci dans un contexte où les besoins de financement des déficits

© Groupe Eyrolles

---

1. Allusion au propos d'Andy Warhol, selon lequel tout être humain connaît une minute de gloire au cours de son existence.

continuaient à battre des records. Ce à quoi Yungan Lama répondit :

– Même si des centaines de milliards injectés dans le système bancaire ont pu, pour quelque temps, remotiver les prêts des banques et soutenir une bien molle croissance, qu'en sera-t-il pour les États, quand certains d'entre eux feront faillite ? Les « forces rebelles anti-euro » ont déjà mis la Grèce, l'Irlande et le Portugal sous respiration artificielle. Si l'Espagne chute, la France et l'Italie seront dans le collimateur. L'euro sauterait probablement. Ce qui aurait un impact très négatif pour tous.

Le président semblait parfaitement d'accord et demanda à Yungan Lama de donner son avis sur le soutien massif de la banque centrale :

– N'en déplaise à notre cher Bernanke, l'arrêt du Q2[1] est pour moi inévitable à court terme. Et il faut impérativement éviter un Q3, qui sonnera sans doute le début d'une dévaluation massive, si elle n'est pas déjà en route. La très grande panne du système économique, financier et monétaire mondial serait alors davantage devant nous que derrière nous. Imaginez, et ce n'est pas du tout exclu, que la banque centrale américaine perde la confiance des prêteurs. Sa faillite serait alors inéluctable. Et l'humanité ne s'en relèverait pas de sitôt.

Je n'eus pas droit à participer davantage à cette conversation. Dick vint me voir pour me dire à voix

---

1. Q2 pour *Quantitative Easing* seconde tranche. Politique monétaire non conventionnelle, utilisée par des banques centrales pour augmenter la masse monétaire et les excédents de réserve du système bancaire.

basse qu'il était temps de nous éclipser discrètement.

Une fois dans le couloir il me dit, l'air sincèrement épaté :

« Et bien, *mon vieux*, vous avez tapé dans l'œil du président. Chapeau ! À mots couverts, il vous a proposé d'entrer dans son *team* et de travailler pour lui. Une belle carrière de conseiller spécial vous tend les bras.

Je ne lui confiai pas que je n'avais encore aucune idée sur la question et que je devais cette bienveillance présidentielle aux propos flatteurs – trop flatteurs ? – que Yungan Lama avait apparemment tenus à mon égard. Mais je sautai à pieds joints sur l'occasion pour lui demander, de la façon la plus détachée possible, ce qu'était un *born for*.

Réellement surpris, il s'arrêta, me regarda avec des yeux ronds et me répondit qu'il n'en avait vraiment aucune idée. Qu'une « tête pleine » comme lui, qui en outre évoluait dans les plus hautes sphères du pouvoir, n'en sache rien m'étonna de prime abord. Je réalisai alors que ce devait être, par conséquent, une expression propre à Yungan Lama. Une fois de plus, c'était donc Yungan Lama qui détenait la clé.

Pendant que je cogitais à toute vitesse, Dick m'avait reconduit au premier sous-sol, devant la porte du salon toujours gardée par un Marine en grand uniforme. Aussi immobile et expressif qu'une statue de plomb.

J'allais devoir encore attendre. Patience, patience belle qualité, qui commençait à devenir pour moi comme une seconde nature.

Soudainement, Dick me pria de l'excuser. Des obligations urgentes l'attendaient. Mais avant de s'éclipser, il me demanda si j'avais besoin de quoi que ce soit. Les crampes à l'estomac que j'éprouvais depuis un bon moment me rappelèrent que je n'avais rien mangé depuis midi. Et il était 3 heures du matin ! Je lui répondis donc qu'un « petit bout de quelque chose » me ferait vraiment plaisir. Il m'assura s'en occuper immédiatement. Sur quoi, il tourna les talons, me gratifiant d'un « à bientôt ! ». Le Marine, dérogeant à son immobilité de *Horse Guard*, me fit entrer dans le salon et referma la porte sans avoir soufflé un mot.

Quelques minutes plus tard, un valet à l'allure très *british* m'apporta ce qu'il appela un en-cas : un demi-poulet, des pommes sautées et une pleine assiette de petits-fours. À en juger par les portions que l'on servait à la Maison Blanche, le président devait avoir un solide coup de fourchette, que les déboires du dollar ne semblaient pas avoir entamé.

Je venais à peine de terminer mon « en-cas », lorsque la porte du salon s'ouvrit et que le Marine apparut dans l'encadrement, dont il occupait tout l'espace tellement il était grand et massif. Contrairement à ce que j'avais d'abord cru, il parlait, puisqu'il me pria de le suivre, sans ajouter le moindre commentaire.

Il me conduisit à une entrée latérale de la Maison Blanche, devant laquelle stationnait une limousine noire. Avec la classe d'un voiturier de palace, il m'ouvrit la porte arrière, qu'il referma une fois que je fus installé. À côté de moi, Yungan Lama. Le chauffeur, dont nous étions séparés par une vitre épaisse, démarra.

Nous roulions maintenant en direction de Washington DC Airport, alors qu'à l'horizon apparaissaient les toutes premières lueurs de l'aube. Yungan Lama me donna une tape amicale sur le genou, tout en me disant, l'air manifestement satisfait :

– Longue et rude journée, mon cher John. Mais sacrément bien remplie ! Vous avez fait une excellente impression au président. Il vous a trouvé très, *très* bien ! Et pourtant, croyez-moi, c'est un homme avare en compliments.

– Mais je n'ai rien dit, rien fait ! lui répondis-je, surpris.

– Je lui avais longuement parlé de vous avant qu'il ne vous fasse venir à la Maison Blanche. Il tenait absolument à vous voir. Or il se trouve qu'il a une sorte de don infaillible pour jauger quelqu'un en un coup d'œil, ce qui me surprend toujours, du reste, me dit-il avec un de ses petits sourires entendus dont il avait le secret.

– Mais pour quelle raison précisément serais-je très, *très* bien ? Parce que je suis censé être un *born For* ? lui demandai-je, avec une curiosité que je ne pus dissimuler.

Encore un petit sourire indéchiffrable de sa part. Mais il n'eut pas le temps de me répondre, nous venions d'arriver à l'aéroport et le chauffeur nous arrêta devant l'échelle d'embarquement d'un Falcon Jet de la flotte aérienne présidentielle.

Ce n'est qu'après notre embarquement et le décollage qu'il donna enfin satisfaction à ma légitime curiosité. Depuis le temps que je rongeais mon frein !

– Écoutez, John, finissons-en avec cette affaire de *born for*. Vous êtes arrivé au stade de votre initiation qui me permet de vous dévoiler le dessous des cartes. De plus, des tâches urgentes nous attendent.

– Très volontiers ! lui répondis-je en toute sincérité.

– Vous savez toute l'importance que j'accorde à la *maîtrise de soi* et à *l'énergie du désir*. Notamment le désir de progresser malgré l'impact que provoquent les épreuves de la vie.

Je hochai la tête en signe d'assentiment et il poursuivit :

– Eh bien, certaines personnes, hommes ou femmes – le sexe de l'intéressé importe peu – ont la particularité d'avoir *à la fois* une stabilité émotionnelle et une conscience qui leur donne une faculté rare, très rare, que j'appelle « la résilience réflexive ». Cela leur confère non seulement une capacité à rebondir suite à un choc ou à un traumatisme, mais également une objectivité et une lucidité extraordinaires pour comprendre les phénomènes qu'ils observent et prendre les décisions qui s'imposent. Ceci sans être influencé par les « bruits » environnants. Ils disposent ainsi d'un avantage considérable, en matière de trading bien sûr, mais dans la vie en général. C'est cela être un *born for*, John !

Il observa un temps de silence, probablement pour provoquer un effet de suspens, puis :

– Or, cher John, vous en êtes. Vous êtes l'une de ces personnes ! Pour trois raisons majeures. D'abord, la manière dont vous avez agi suite au choc de votre déroute financière. Ensuite, la *conscience lucide* que vous avez eue en décidant d'accepter une initiation qui vous a obligé à abandonner la plupart de vos croyances – y compris des croyances éducationnelles et sociales très ancrées en vous. Et enfin, la *force intuitive* de rentrer en vous-même pour mobiliser toutes vos ressources. C'est cela, la « résilience réflexive ». Vous en avez fait preuve également lors des moments difficiles de votre initiation.

Sur l'instant, je ne mesurai pas toutes les conséquences de ce qu'il venait de me confier. Une seule réflexion, peut-être un peu au ras des pâquerettes, me vint à l'esprit :

– Est-on un *born for* de naissance, comme tend à le faire penser l'expression « né pour » ?

– Oui et non. Une certaine forme d'éducation permet de l'être très tôt. Mais si nous n'avons pas cette chance, comme vous ne l'avez pas eue vous-même avec votre père, la plupart du temps absent pour ses affaires, et votre mère qui n'était pas semble-t-il des plus maternelles. Donc, si nous n'avons pas cette chance, nous pouvons l'acquérir. C'est ce que vous avez fait. D'abord un peu malgré vous, et ensuite de manière consciente et intentionnelle.

Ses propos m'inspirèrent une autre question, plus relevée cette fois :

– Si l'éducation peut faire de vous un *born for*, cela signifie, comme vous l'avez dit, qu'on le devient tôt dans sa vie. Et si ce n'est pas le cas, on peut le devenir plus tard, à l'âge adulte. On perd alors un temps précieux.

– Pas du tout, John ! On ne perd jamais le temps durant lequel nous vivons dans les *brumes de l'inconscience face aux réalités*. Sept à huit personnes sur dix passent ainsi leur vie sans voir la réalité telle qu'elle est mais telle qu'elles l'interprètent. Quant aux autres, celles qui œuvrent pour accéder à un degré de conscience élevé, elles peuvent en effet avoir parfois le sentiment de perdre un temps précieux. C'est pourquoi elles font tout pour remplir les heures, les jours, les semaines et les mois de matière sensible, ce qui favorise toujours, je dis bien toujours, la réussite et l'expansion de soi.

– Vous voulez dire que certaines personnes, la majorité si je comprends bien, n'ont pas une vision pertinente des réalités qui les entourent, et donc ne perdent pas de temps ?

– C'est à peu près ça, oui. Ce sont ce que j'appelle les « moutons suiveurs ». Bien entendu, faire partie des « moutons suiveurs » n'est pas une tare en soi. Mais ce n'est pas non plus une qualité pour voir au-delà des apparences. Par contre, une fois conscients des réalités, comme vous par exemple, là, oui, on perd un temps précieux si l'on n'agit pas dans le sens de nos intuitions.

Il fit une courte pause, comme pour mieux souligner ce qu'il allait dire.

– Mais ce n'est pas votre cas, John. Vous l'avez prouvé. Vous n'avez donc pas perdu votre temps. Mieux, dans les années qui viennent vous allez vivre plusieurs vies. Plus passionnantes les unes que les autres. Vous verrez.

– Et comme j'ai accepté les conditions de mon initiation, ça va sans doute compter pour mes nouvelles vies ! dis-je spontanément.

– Vous ne croyez pas si bien dire. Le temps, les efforts et l'ouverture d'esprit dont vous avez su faire

© Groupe Eyrolles

preuve vous seront en effet rendus au centuple, me répondit-il.

Une dernière question me vint à l'esprit :

– Tout compte fait, être *born for* n'est pas bien mystérieux, même si cela constitue un *avantage considérable*. Alors, pourquoi avoir refusé si longtemps de me dire ce que cela signifiait ?

Sa réponse fut frappée au coin du bon sens :

– Parce qu'il m'a fallu justement *mon allié le temps*. Le temps de vérifier que je ne m'étais pas trompé à votre sujet ! Et parce que la mission officieuse que vient de *nous* confier le président a totalement changé la donne.

Il avait insisté sur le « nous », pour souligner que j'étais complètement impliqué dans cette nouvelle aventure. J'en éprouvai un sentiment de fierté. Mais également de profonde curiosité. Ce n'est pas tous les jours qu'un président des États-Unis fait appel à vous en raison des talents qu'il vous prête ! Mais dans quel but ? C'était toute la question.

Faisant office de steward, un officier de bord vint nous demander si nous désirions boire et manger quelque chose. Yungan Lama et moi avons refusé toute nourriture, mais lui avons répondu que ce serait avec plaisir que nous prendrions deux cafés bien serrés. Après cette journée à rallonge, décalage horaire aidant, la fatigue commençait à se faire sérieusement sentir. En tout cas, en ce qui me concernait.

Yungan Lama, lui, paraissait frais comme un gardon.

Quelques minutes plus tard, notre steward improvisé nous apporta deux expressos. Il devait être d'origine italienne, car ses cafés auraient réveillé un mort. C'est alors que Yungan Lama me parla du projet *Big One*. Projet qui, je le vérifiai rapidement, n'avait strictement rien à voir avec la faille de San Andrea, sinon avec toutes les perspectives cataclysmiques évoquées par son nom[1].

De quoi s'agissait-il ?

– Vous l'avez compris, le président est extrêmement préoccupé par les effets à moyen terme de la crise financière, notamment la crise budgétaire et le besoin toujours croissant de fonds propres pour les banques, qui ne se sont pas encore remises des fameux *subprimes* – les prêts pourris qu'elles se repassaient comme des patates chaudes depuis quelques années et qui ont fini par intoxiquer tous les circuits bancaires.

– Mais quels sont précisément les effets qui préoccupent le président ? demandai-je.

– Le fort affaiblissement du système bancaire pourrait être l'occasion, pour certains pays disposant de fonds souverains[2] considérables, de racheter à bas prix des entreprises stratégiques clés occidentales. D'où le nom de *Big One* que le président donne à cette éventualité, par comparaison avec le cataclysme annoncé en Californie.

– Imaginez en effet la Chine, par exemple, mettant la main sur une grande industrie occidentale œuvrant

---

1. *The Big One* désigne le tremblement de terre apocalyptique censé se produire, tôt ou tard, le long de la faille de San Andrea. Et qui, entre autres conséquences catastrophiques, détacherait la Californie du continent nord-américain. D'où la panique qui saisit de nombreux habitants de cet État à chaque secousse sismique importante.
2. Les fonds propres de la banque centrale d'un pays.

dans le nucléaire ! Et la Chine, vous le comprenez bien, ne serait qu'une possibilité parmi d'autres.

– J'imagine, en effet ! D'autant qu'il n'y aurait pas que les entreprises nucléaires qui pourraient faire l'objet de convoitises hostiles, mais aussi l'armement, les technologies de pointe, de grands centres de recherche privés. Et je suppose que le président pense notamment à certains pays producteurs de pétrole, lui répondis-je.

– Exactement, John ! Et il s'étonne que beaucoup, en Occident, ne soient pas conscients de ce péril suspendu au-dessus de nos têtes comme une épée de Damoclès.

Il se tut un instant pour finir son expresso et, manifestement pris par son sujet, il poursuivit :

– Le président est encore plus étonné, pour ne pas dire choqué, par tous ceux qui, habituellement classés *à gauche*, croient naïvement que les capitalisations boursières constituent des « cadeaux » faits aux possédants, aux *riches* comme ils disent. Volontairement ou involontairement, ils ne comprennent pas, et ils se refusent à plus forte raison à admettre que ces capitalisations sont en fait des *barrières de sécurité* de nos intérêts stratégiques et économiques.

– Si on devait schématiser ce que vous venez de développer, on pourrait dire que les retraités de Chicago ou de Houston, par exemple, qui ont acheté des actions de nos grandes entreprises sont les nouveaux *combattants de la liberté*.

– Ils n'en savent rien eux-mêmes, pourtant c'est le cas.

– Mais allez faire comprendre ça à des gens persuadés que si le pain est trop cher, il suffit d'en baisser autoritairement le prix, et tout sera réglé ! ajoutai-je, avant de poursuivre :

– C'est comme tous ceux qui sont convaincus que, dans un monde de *marchés ouverts*, il suffirait de fermer les frontières pour se mettre à l'abri de ce qu'ils appellent « les dérives du capitalisme ». Ils ne réalisent pas un seul instant que, du même coup, ils feraient faire à leurs pays un bond en arrière de 50 ou 100 ans. L'exemple de la Corée du Nord est là pour nous le prouver, s'il en était besoin !

– Vous avez tout compris, John ! Mais nous n'allons pas nous lancer pour autant dans une chasse aux sorcières *rouges* ou *roses*, sans compter tous ceux qui croient penser en répétant ce qu'ils ont lu dans le journal du matin.

– Et sans compter, en plus, tous ceux qui jugent qu'investir en Bourse ou trader n'est pas une activité très *clean*, voire carrément immorale ! ajoutai-je.

Yungan Lama m'approuva et en vint aux faits :

– Je vous ai dit tout cela pour vous expliquer en quoi va consister la mission officieuse que le président nous a confiée. Compte tenu de toutes ces considérations donc, il pense que les organisations financières occidentales, nationales et internationales, vont spontanément agir en sorte de maintenir des cours boursiers *planchers*, afin de mettre nos entreprises, et notamment les plus importantes, hors de portée de rachats que je qualifierai d'inamicaux.

– Ce qui exclurait *a priori* tout risque de dépréciation abyssale, dis-je.

– *A priori*, oui ! Mais rien n'est moins certain, et encore moins garanti.

– C'est pourquoi le président souhaiterait que nous fassions une analyse statistique et prospective de ce que pourraient être ces cours planchers à court et moyen termes en ce qui concerne certains titres dont il m'a remis la liste. C'est là le premier aspect de notre mission.

– Parce qu'elle en a d'autres ? demandai-je étourdiment, en raison de la fatigue qui me gagnait malgré l'expresso superdopant que je venais de boire.

En posant sur moi le regard qu'on porte sur un enfant qui vient de dire une sottise, il me répondit :

– D'autres, non ! Mais un second, oui ! Partant du principe que la possibilité d'une récession de l'ampleur de celle de 1929 est toujours possible, ne serait-ce qu'en théorie, le président attend de nous que nous déterminions des *cours boursiers alarmes* qui déclencheraient nos ripostes défensives.

– Dans le but de protéger nos géants industriels et bancaires d'une série d'OPA plus ou moins hostiles ? lui demandai-je.

– C'est ça ! me répondit-il, satisfait de constater que je n'avais pas complètement sombré dans les brumes d'une fatigue intellectuelle proche du coma.

L'officier de bord maître ès-cafés vint nous informer que nous étions à l'approche de Sacramento, où il ferait une courte escale pour nous déposer, avant de reprendre son vol vers sa destination finale, San Diego.

À Sacramento Airport nous attendait Sri, que Yungan Lama avait prévenu la veille de Washington. Pour nous ramener au ranch, il avait choisi le 4×4 Porsche Hybride. Pour ma part, à peine installé sur la banquette arrière, je m'endormis du sommeil du juste, alors que le soleil se levait à peine[1].

Je me souviens avoir fait un rêve au cours duquel j'éprouvais la certitude d'avoir trouvé les formules mathématiques, simples et évidentes, permettant de déterminer les niveaux planchers et les cours alarmes[2]. J'en jubilais de joie et de fierté.

Le problème, c'est qu'en me réveillant, à notre arrivée à l'ashram, j'avais complètement oublié mes formules miracles fantasmatiques. Je me consolai en prenant, en compagnie de Yungan Lama, un copieux petit déjeuner. Et en allant ensuite me coucher pour récupérer.

Je dormis comme un loir. Mais je ne fis hélas pas de nouveau rêve qui m'aurait remis mes formules magiques en tête.

C'est la sonnerie du téléphone qui me réveilla. Il était 19 heures ! Yungan Lama me demanda si j'avais bien dormi, avant de me prier de le rejoindre dans son bureau.

Le temps d'enfiler un tee-shirt et un jean, et je frappai à sa porte. Il était apparemment en pleine forme :

– J'ai passé la journée entière à organiser notre travail des semaines à venir. Et nous aurons de quoi nous occuper, plutôt deux fois qu'une ! Non seulement il nous faudra remplir la mission confiée par le président – et, là, nous avons du pain sur la planche –, mais vous

---

1. Compte tenu du décalage horaire entre la côte Est et la côte Ouest.
2. Les deux n'étant pas les mêmes, loin s'en faut. Les cours planchers correspondant à des moyennes statistiques, les cours alarmes à des chiffres précis calculés par avance.

devrez également effectuer en *solo* vos premières opérations de trading.

À ce sujet, il me demanda ce que je me *sentais émotionnellement prêt* à investir sans éprouver le moindre trac, en tenant compte du fait qu'il m'avait offert les cent mille dollars que j'avais en banque. Après avoir réfléchi un instant, je lui répondis que cinquante mille dollars ne me poseraient aucun problème et que j'aurais le sentiment d'être en sécurité. Il décida, par conséquent, que ce serait là mon premier niveau d'intervention. Après quoi, il voulut savoir quel plan de trading j'avais choisi ou je comptais choisir. Je lui indiquai que j'éprouvais une préférence pour la *construction de positions* sur le marché des matières premières. J'avais relevé des signaux de survente sur le blé.

Il eut un hochement de tête approbateur et me dit que c'était un excellent choix. Il me confia d'ailleurs qu'à ma place il aurait opté pour la même stratégie, la plus *sûre* et surtout la plus *rentable*, précisa-t-il, avant de m'annoncer :

– L'argent que vous allez *avancer* au marché, mon cher John, il vous le rendra *décuplé* si, bien entendu, vous activez fidèlement votre « process » qui est maintenant au point, me semble-t-il.

Puis il décida qu'il était temps d'aller dîner.

Au cours du repas, pris en commun avec les autres membres de l'ashram, il me posa une question qui, sur l'instant, me déconcerta :

– Que pensez-vous, John, des *clins d'œil* que nous adressent les coïncidences de notre vie ?

Selon un vieux truc bien connu, je répondis à sa question par une autre question :

– Vous voulez parler des signes du destin, en quelque sorte ?

– En quelque sorte, oui ! Bien que ce ne soit pas tout à fait ça

Je ne lui laissai pas le temps de préciser sa pensée et je lui fis part de mon sentiment en toute franchise :

– Je pense avoir un esprit trop rationnel, ou du moins trop pragmatique, pour y croire.

Il eut un de ses petits sourires indéchiffrables et me répondit :

– Je reconnais bien là le *born for* que vous êtes. Alors, justement, quels arguments rationnels opposeriez-vous aux *clins d'œil* des circonstances ?

– Leur manque total d'objectivité, précisément ! lui dis-je.

– C'est intéressant ce que vous dites là, pourriez-vous préciser votre pensée ?

C'était à croire qu'il jouait avec moi comme le chat avec la souris. Pour me pousser dans mes derniers retranchements, probablement, et tester la cohérence de mes raisonnements. En toute amitié et affection, bien sûr. C'est pourquoi je lui répondis spontanément, sans chercher à masquer le fond de ma pensée :

– Je crois que selon notre humeur du moment et les sentiments que nous éprouvons, nous pouvons voir des signes partout. Tout spécialement là où il n'y en a pas. Heureux et joyeux, nous verrons les signes positifs pulluler. Tristes ou inquiets, tout nous paraîtra négatif. Regardez les femmes qui ont un grand besoin de plaire, à les entendre, elles ont des *touches* avec pratiquement tous les hommes qu'elles croisent ! Vous y croyez, vous ?

– Bien sûr que non ! me répondit-il.

Je crus néanmoins nécessaire d'ajouter :

– D'autant que vous m'avez enseigné, avec raison, qu'il ne fallait en aucun cas trader sous l'effet d'émotions ou de sentiments exacerbés, qu'ils soient positifs ou négatifs. Mais sur la base de *faits concrets*. Avec l'esprit serein et dénué de toute perturbation affective.

Il ne fit aucun commentaire. Mais je surpris dans son regard une lueur de satisfaction. Cela me donna à penser qu'il devait être heureux que l'enseignement qu'il m'avait dispensé jusqu'ici ait porté ses fruits. Et c'est à double titre qu'il devait être satisfait.

Il m'avoua en effet peu de temps plus tard qu'il avait voulu me tester en me posant cette question sur les signes que nous adresseraient les coïncidences de notre vie. La veille de mes premiers trades depuis mon initiation, il avait voulu s'assurer que j'étais bien dans l'état de *neutralité émotionnelle* qui est, en ce domaine comme dans les affaires en général, un gage de réussite. C'était le cas.

Selon Yungan Lama, les journées à venir allaient être particulièrement chargées. Il nous suggéra donc de passer une excellente nuit.

Chapitre 14

La plus puissante des forces

« La gratitude peut transformer
votre routine en jours de fête. »
William Arthur WARD

103 dollars le baril

Agir. Ne pas trop penser. Le puzzle finira bien par se mettre en place.

Déjà trois semaines ont passé depuis que l'agent du service de sécurité de la présidence était venu me chercher.

Depuis ce dîner au cours duquel Yungan Lama avait voulu s'assurer que j'étais *bien calé dans ma tête* pour trader – et pour exécuter la mission que nous avait confiée le président – nous avons travaillé tous les deux d'arrache-pied.

Pour gagner du temps et rationaliser nos activités, Yungan Lama et moi avions installé notre QG et notre « atelier » dans sa salle de trading, au premier sous-sol.

Enfermés du matin au soir dans notre *bunker*, c'est tout juste s'il nous arrivait de voir encore la lumière du jour. D'autant que, pour avancer, nous ne déjeunions plus vraiment, nous contentant de hamburgers avalés sur le pouce. J'avais renoncé à toute activité privée, à l'exception de deux heures de tir à l'arc, après le coucher du soleil. C'était devenu indispensable pour me *vider complètement la tête* et me *détendre réellement*.

Tous nos ordinateurs étaient connectés en permanence. Pour suivre en continu les cours et le *news flow* des entreprises dont le président avait remis la liste à Yungan Lama. Et pour me permettre de construire progressivement mes positions sur *le blé*, conformément à la stratégie que j'avais choisie.

Les premiers résultats que nous avions obtenus étaient encourageants, très encourageants même.

C'est ainsi que nos analyses nous avaient permis d'acquérir la conviction que la notion de *prix planchers* n'était pas une vue de l'esprit de la Maison Blanche.

La détermination de *prix d'alarme* se révélait par contre nettement plus délicate. Ils ne pouvaient être assimilés aux points les plus bas atteints par nos courbes, ces derniers ne constituant que les *niveaux inférieurs* des champs de stabilisation, et non des seuils d'alerte. Le fait qu'un ascenseur n'aille pas plus bas que le rez-de-chaussée ou la cave est *rassurant*, et n'indique absolument pas qu'il pourrait être précipité dans les entrailles de la terre. Il nous manquait décidément la formule mathématique que je croyais avoir trouvée dans mon rêve. J'y travaillais intensément.

Quant à mes opérations boursières, ma position acheteuse sur les contrats *futures* du blé avait été construite assez rapidement vu la configuration qui s'y prêtait. Mais je veillais soigneusement à ne jamais m'écarter de ma *zone de sécurité émotionnelle*. J'avais déjà accumulé près de deux cent mille dollars de gains sur cette pose. En trois semaines, ce n'était pas mal ! J'ai donc décidé de la boucler. J'assurais ainsi mon gain.

Les jours passant, je commençais à *vivre* une réalité sur laquelle Yungan Lama avait insisté au cours de mon initiation. Quand il m'en avait parlé, je pouvais la *comprendre*, mais pas la *ressentir* dans mes « tripes ». Progressivement, je *sentais* de mieux en mieux les marchés. Il me semblait commencer à ressentir ce qu'on appelle « le feeling de marché ». Mais je me gardais bien de prendre ce ressenti pour argent comptant, sachant qu'il est comme l'éclair : quand on croit l'avoir vu, il a déjà disparu. Le « feeling de marché » se ressent, il ne se pense pas.

Cette sorte d'intuition qui émergeait peu à peu en moi n'était donc pas infaillible, et ne le serait probablement jamais. Et je prenais conscience qu'il me fallait être en totale *neutralité émotionnelle* pour l'éprouver pleinement. Yungan Lama ne s'était pas trompé en me disant que c'était là une des clés de la réussite des grands traders.

Ce matin-là, selon un rituel bien établi, Yungan Lama et moi nous sommes retrouvés très tôt pour prendre notre petit déjeuner. Lui, toujours avec son fameux jus de citron fraîchement pressé.

J'étais prêt à affronter une nouvelle journée de travail intensif. Mais Yungan Lama, lui, me parut très détendu, d'humeur buissonnière, devrais-je dire. Du reste, il ne tarda pas à me déclarer :

– John, voilà maintenant trois semaines que nous travaillons du soir au matin, sept jours sur sept. Or, je vous ai toujours dit que le temps consacré à se détendre et à se ressourcer n'est pas du temps perdu, mais un *investissement* qui assure la qualité et l'efficacité du travail que l'on effectue. Il est donc temps de faire un *break*. Qu'en pensez-vous ?

Je lui répondis en toute franchise :

– Je n'en pense que du bien. Car j'ai remarqué, ces derniers jours, que je n'ai plus tout à fait la même *acuité d'esprit*, ni le même *niveau de motivation*, pour suivre attentivement l'évolution des cours des marchés.

– C'est très bien observé de votre part, John, et je vous en félicite ! Ce sont en effet des signes importants qu'il ne faut surtout pas négliger. Ils nous indiquent que nous ne sommes plus très loin de notre *zone d'inefficacité*, donc de contre-performance. Un travail fait par *contrainte*, et non avec *plaisir*, est rarement rentable, ne l'oubliez jamais, me dit-il, avant de poursuivre :

– Donc, c'est décidé, nous allons prendre immédiatement une semaine de vacances ! *Le temps est à nous* !

Je lui fis cependant remarquer :

– Il faudra quand même que je surveille les cours du pétrole, sur lesquels je m'attends à un sérieux « coup de tabac » qui, selon moi, est maintenant imminent.

– Oui, mais cela ne vous prendra que quelques minutes par jour et ne vous empêchera en rien de vous détendre le reste du temps, me répondit-il.

La question du *break* réglée, il passa à un autre sujet, après s'être servi une assiettée de son péché mignon, les rognons au Madère :

– Je souhaite organiser, le week-end prochain, un colloque à public restreint. C'est-à-dire avec les membres de notre communauté et un petit nombre d'invités extérieurs que vous connaissez maintenant pour la plupart d'entre eux. Ce sont tous des amis, comme *Éclair du matin* et Lars O'Neil par exemple. Y a-t-il un thème qui vous intéresserait plus particulièrement ?»

Je n'eus pas besoin de réfléchir longtemps pour lui répondre :

– La gratitude !

– Pourquoi ? Pour m'exprimer la gratitude que vous estimeriez devoir avoir à mon égard ? me demanda-t-il.

– Il y a un peu et même beaucoup de cela, c'est vrai ! Comme il est vrai que je ne vous serai jamais assez reconnaissant de tout ce que vous avez fait et de tout ce que vous faites pour moi. Mais aussi parce que la gratitude est très mal comprise par beaucoup de gens.

Apparemment intrigué par ce que je venais de dire, il me demanda :

– Pourriez-vous préciser votre pensée ?

– Entre ceux qui font de la gratitude une formalité vite expédiée et ceux qui pensent *se rabaisser* en en faisant preuve, ça fait du monde, croyez-moi ! Mais là n'est pas le plus important, selon moi, car on n'empêchera jamais certaines personnes d'avoir un esprit tordu.

– Et, selon vous, qu'est-ce qui serait important en l'occurrence, John ? me demanda-t-il, très intéressé par mes propos :

– Il existe une forme de gratitude à laquelle on ne pense pas assez, ou même pas du tout trop souvent. Je pense à un Thanksgiving par exemple, mais un Thanksgiving qui ne serait pas adressé à Dieu, *mais à la vie*. La vie tout court et la Vie avec un V majuscule.

Je réalisai alors que je venais d'aborder la question religieuse, oubliant au passage qu'il était de confession bouddhiste, et lama en plus. Mon propos était donc susceptible de l'avoir heurté. Je le priai de bien vouloir m'en excuser.

C'est de la façon la plus détendue qu'il me répondit :

– Vous savez très bien, John, que pour moi, le bouddhisme n'est pas une religion mais une *philosophie de l'existence* ou une sagesse, si vous préférez. C'est ainsi que, personnellement, je ne crois pas à la métempsycose, la transmigration des âmes autrement dit. Mais c'est aussi pourquoi votre idée de gratitude à l'égard de la vie m'intéresse au plus haut point, et que nous allons en faire le thème de notre colloque.

En plaisantant, je me permis de lui faire remarquer :

– Vous êtes quand même un drôle de lama !

Sur le même ton, il me répondit :

– Seuls ceux qui pensent par eux-mêmes sont de plain-pied dans la vie, mon cher John !

Je passai les trois jours qui suivirent à agir en fonction de mes envies profondes. Car j'avais appris par expérience personnelle que c'était, pour moi comme pour chacun d'entre nous, la façon la plus efficace de se détendre et de parvenir au bien-être.

J'ai donc lu, beaucoup lu, fait de longues randonnées à cheval seul ou avec Sri, tiré à l'arc, dont je maîtrisais de mieux en mieux la technique de relaxation. C'est-à-dire atteindre un état de conscience qui me permettait d'*être la cible*, ainsi qu'*Éclair du matin* me l'avait enseigné.

Mais aussi, car rien n'aurait pu m'en détourner, à suivre attentivement, matin, midi et à l'heure de la clôture, l'évolution des cours du pétrole sur le marché de New York. Le troisième jour, je remarquai qu'ils subissaient des fluctuations rapides, de faible amplitude mais *nerveuses*. À bien regarder les courbes, c'était clair, net et visible comme le nez au milieu du visage.

Je *sentis* alors que le moment était venu de lancer ma deuxième grande opération, en profitant de l'*effet de levier qu'offrent les contrats* futures. Escomptant une hausse soudaine et importante, je me positionnai à l'achat.

Puis, en attendant que le temps commence à faire son œuvre, j'allai déjeuner, calme et serein. Le soir même, une première hausse, encore légère, me confirma que mon plan « collait » à la réalité. Je *renforçai* ma position en achetant cinq autres lots de *futures*, pour un joli paquet de dollars là aussi, *mais pas de quoi me ruiner en cas de pertes*. Mes achats étaient *largement couverts* par *mes avoirs*.

Le lendemain matin, la hausse était évidente et particulièrement sensible. L'*effet moutonnier* des marchés jouait maintenant à fond. Je complétai ma position en achetant vingt lots supplémentaires. Là, j'étais en effet de levier et il fallait absolument que mon analyse se révèle exacte dans le timing.

À l'approche de l'heure de la clôture, le cours avait encore nettement grimpé, *boosté* par la masse des acheteurs de la 25e heure. Mais il avoisinait désormais le prix maximum que j'avais anticipé. À 103 dollars le baril, je soldai ma position.

Comme, de plus, nous étions à la veille du week-end, je jugeai *prudent* de vendre tous mes lots. De toute façon, je ne me serais plus senti *secure* si j'avais continué à travailler la hausse.

Un rapide calcul me montra que mes gains s'élevaient à cinq cent mille dollars ! Et comme une bonne nouvelle n'arrive jamais seule, Yungan Lama m'annonça au dîner qu'il avait trouvé la formule des cours d'alerte. Le président serait content, lui aussi.

Après le repas, Yungan Lama me demanda de le suivre dans son bureau pour faire un point rapide sur nos activités en cours. Un point rapide, car nous étions en « vacances », il ne fallait pas l'oublier.

Il m'expliqua d'abord en détail la formule qu'il avait élaborée, et qui permettait de calculer à l'avance les cours d'alerte des entreprises stratégiques. Elle était simple et géniale, reflétant bien l'intelligence subtile de son auteur. Mais il me fit promettre de ne jamais la divulguer.

Puis nous avons commenté brièvement mes deux opérations de trading réussies, après que je lui ai résumé les différentes phases de mes prises de positions. Tout en me félicitant, il en profita pour me rappeler deux points clés du succès de ceux qui réussissent : *l'humilité*. Et la *sagesse* de se livrer à des opérations *limitées en nombre*, calculées, réfléchies, mûries et conduites comme des opérations de commando, au lieu de trader à tort et à travers du matin au soir.

Les affaires sérieuses réglées, nous avons évoqué le colloque qui se tiendrait à partir du lendemain. Yungan Lama m'avoua que le thème que je lui avais proposé le séduisait de plus en plus. Car il tombait à point pour illustrer un des principes qui guidaient son existence : « *On ne vit pas pour trader, on trade pour transformer en réalité ses rêves personnels !* » Le seul et unique problème de la vie étant, selon lui, de se donner les moyens de la rendre conforme aux aspirations qu'on porte en soi.

Yungan Lama m'avait parlé d'un public restreint, mais il n'était pas si restreint que cela. Les membres de la communauté, les amis, les amis des amis, les amis des amis des amis et les représentants des médias qui avaient eu vent du colloque, avaient fini par former une assistance nombreuse. Très nombreuse même.

Tellement d'ailleurs, que je dus jouer des coudes pour aller saluer *Éclair du matin*, toujours aussi jovial, et Lars O'Neil qui, j'en fus flatté, se montra enchanté de me revoir. Il tint du reste à me présenter, en disant le plus grand bien de moi, à David Brucker, patron de la First City Bank pour la côte Ouest, et à

Bob Clayton, directeur du bureau de CNN à San Francisco.

Le contact se révéla excellent et, après avoir échangé nos cartes, mes interlocuteurs me firent promettre de les contacter bientôt (*I will be delighted to meet you soon* !). Ce qui, en l'occurrence, ne constituait pas des paroles en l'air. Surtout chez des hommes de ce « poids ». Je sortis de ces courts entretiens avec le sentiment que je faisais l'objet d'une « mise sur orbite », mais sans savoir dans quel but précis.

Sur ce, je m'apprêtais à regagner ma place dans l'assistance, à côté de Sri, mais Yungan Lama me fit signe de m'installer avec lui sur l'estrade, comme une sorte de co-chairman. Décidément, j'avais droit à tous les honneurs ce matin-là !

Comme si cela ne suffisait pas, il ouvrit les débats en annonçant que le mérite d'avoir trouvé un thème aussi original que *What's the true gratitude*[1], titre qu'il avait donné au colloque, me revenait.

Tous les regards et toutes les caméras se tournèrent évidemment vers moi. Un instant, je me sentis dans la peau d'un candidat à la présidence des États-Unis lors de la clôture de la convention de désignation. Ce qui renforça mon sentiment qu'il mettait tout en œuvre pour me constituer un relationnel influent et pour me médiatiser.

Yungan Lama commença par parler de la gratitude bête, qu'il décrivit comme une fausse gratitude traduisant une *soumission* inconsciente de celui ou de

---

1.   « Qu'est-ce que la véritable gratitude ? »

celle qui en fait preuve. Il prit pour exemple ces personnes qui passent leur temps à dire merci pour tout et pour rien, surtout pour rien, comme si elles s'excusaient d'exister... ou par reconnaissance qu'on veuille bien condescendre à accepter leur présence forcément encombrante.

Cet exemple, bien choisi et si évocateur, alla droit au cœur de l'assistance, qui réagit en apportant de nombreux témoignages vécus. Ce fut l'occasion pour Yungan Lama de rappeler que le premier devoir de tout être humain est de *se respecter d'abord lui-même*. Comme un autre de ses devoirs devrait consister à s'aimer lui-même s'il désire aimer réellement les autres.

À ce sujet, Yungan Lama précisa que la véritable gratitude *à l'égard d'autrui* ne pouvait qu'exprimer un sentiment de *fraternité* ou *d'amour* envers les personnes auxquelles on témoigne sa reconnaissance. Ce qu'il appelle « la mémoire du cœur agissant ». Tout le reste n'étant, selon lui, que simagrées ou politesse hypocrite. Il finit sa présentation pas ces mots plein de sens :

– La mémoire du cœur agissant, c'est ne pas voir le cadeau, mais d'abord celui qui l'offre. C'est ne pas voir la vie qui passe, mais d'abord le précieux présent. C'est ne pas prier contre la misère du monde. Mais avant tout agir.

Quand ce premier débat fut clos, Yungan Lama aborda ce qu'il appelait la gratitude *high-tech* ou, en d'autres termes, la gratitude *d'épanouissement*. Et sans m'avoir prévenu à aucun moment, il me passa la parole.

Pris de court, je dis, avec mes « tripes », ce que je croyais au plus profond de moi, spontanément, avec toute la force que me donnait mon intime conviction. Je devais apprendre un peu plus tard que j'avais trouvé naturellement la recette de la communication efficace : pour convaincre, il faut parler avec son cœur, pas avec sa tête !

J'expliquai par conséquent que la gratitude d'épanouissement consiste à prendre la peine et le temps de savourer chaque instant qui passe. De voir la beauté d'une fleur ou d'un visage. De faire le point chaque fin de journée pour s'arrêter un moment sur tout ce qu'elle a eu de positif. De savoir être heureux de ce que l'on a, d'être humble, de cultiver l'empathie... Pour moi, la gratitude envers la vie, c'était ça *the high-tech gratitude*.

Et pour conclure mon intervention, j'ajoutai que la gratitude *high-tech* est, de plus, un excellent stimulant des forces qui se cachent en chacun d'entre nous et qui peuvent, pour autant que nous le désirions, nous faire soulever des montagnes.

Le débat qui suivit fut passionnant. Tellement qu'il nous conduisit jusqu'à 14 h 30. Heure à laquelle Yungan Lama leva la séance pour nous permettre d'aller déjeuner.

Pendant que la salle de conférence se vidait, le patron de CNN et celui de la First City Bank, accompagnés de trois de leurs amis, s'approchèrent de moi et insistèrent pour que je prenne rendez-vous avec eux dès le lundi suivant.

Apparemment, j'avais marqué pas mal de points. Et je n'aurais jamais osé imaginer tous ceux que j'al-

lais encore marquer dans les semaines qui suivirent.
Devant mon air quelque peu surpris, Yungan Lama
me fit un clin d'œil complice. Mais je ne connaissais
toujours pas les projets qu'il avait pour moi.

Chronique
d'un destin modifié
(le secret des secrets)

J'eus raison de garder à l'esprit que la sagacité de Yungan Lama est tranchante comme un couperet. Ce roc de volonté savait vraiment semer les bonnes graines.

Depuis notre colloque sur la gratitude d'épanouissement, les mois avaient passé comme des semaines. Des mois qui furent très occupés. Pour Yungan Lama comme pour moi. Nous avions fini par décider de ne travailler que 4 jours sur 7. Pour nous ménager ce que Yungan Lama appelait *des zones de ressourcement*.

Lui fut principalement occupé à peaufiner sa formule sur les cours d'alerte, en vue de rédiger le rapport confidentiel destiné au président. Il mena également avec succès plusieurs trades que je jugeai proprement géniaux.

Du grand art, comme d'habitude.

Me concernant, je n'eus pas non plus le temps de m'ennuyer. Entre le développement de mon réseau relationnel, l'analyse des marchés pour repérer les signes précurseurs de nouveaux « flots », mes opérations de trading dont je limitais volontairement le nombre, j'étais pris du matin au soir.

D'autant que Bob Clayton, patron de CNN pour la côte Ouest, m'avait demandé de réaliser une émission sur la gratitude d'épanouissement, sujet qui l'avait intéressé au plus haut point. Comme c'était grassement payé, je n'ai pas su dire non. En plus, le sujet me passionnait.

Ce qui me passionna encore plus pendant cette période fut de développer une idée que m'avait inspirée un de mes entretiens avec Bob. Je lui avais fait remarquer qu'il y avait un lien étroit entre la prospérité économique d'un pays et le niveau culturel moyen de l'ensemble de sa population.

Poursuivant mon raisonnement, j'avais ajouté que c'était là un des atouts économiques et stratégiques majeurs des nations développées. Et que, par contre, les grands pays émergents, telles la Chine, l'Inde et même la Russie, entre autres, demeureraient des *colosses aux pieds d'argile* tant qu'ils ne consentiraient pas à un effort massif en matière d'éducation collective. Ce que certains semblaient commencer à comprendre. Et nous devrions, nous autres Occidentaux, en prendre pleinement conscience.

Bob fut emballé. Ne perdant jamais de vue son métier et les intérêts de sa chaîne, il me proposa d'en faire un sujet. Je le remerciai, mais j'étais déjà suffisamment occupé pour donner suite à sa proposition.

En revanche, de retour à l'ashram, j'en parlai à Yungan Lama. Il m'écouta, me demanda une foule de précisions, réfléchit un long moment, avant de conclure que mon idée était plus qu'intéressante.

Le soir même, au cours du dîner, il me suggéra de rédiger à ce sujet un rapport détaillé, sans me dire l'usage qu'il envisageait d'en faire. Les deux semaines qui suivirent, je réalisai une jolie série de trades, qui élevèrent mes gains à près 298 000 dollars. Désormais, je m'engageais sur les marchés avec un succès qui me surprenait moi-même. Mais, contrairement à ce qu'on pourrait croire, cela m'incitait à me montrer encore plus *humble* et *modeste*. Et *prudent* comme un félin concentré sur sa proie, avant de bondir sur elle.

Quand je terminai le rapport que m'avait demandé Yungan Lama, les premières neiges couvraient les montagnes. Lui-même venait de finir le sien sur les niveaux planchers et les cours d'alarme, dont il n'avait cessé de vérifier et de revérifier les formules.

C'est au cours du déjeuner qu'il m'annonça notre départ, le lundi suivant, pour Washington. Le président nous recevrait le jour même et était impatient, me dit-il, de prendre connaissance de *nos* rapports.

Le mien allait donc avoir, lui aussi, l'honneur de faire l'objet de l'attention présidentielle. C'était l'objectif que Yungan Lama devait avoir en tête quand il m'avait demandé de le rédiger. Et je savais maintenant par expérience que ses idées étaient fréquemment à tiroirs.

En soumettant mon mémo au président, il suivait probablement un plan dont il ne dirait mot à personne, y compris à moi, tant qu'il n'aurait pas réussi.

Puisque Yungan Lama m'avait appris à *patienter*, j'attendrais.

Comme j'avais maintenant le droit de sortir seul des limites de l'ashram, j'en avais profité pour accepter l'invitation de l'un de mes nouveaux amis, David Brucker, le patron de la First City Bank.

Il m'avait proposé de passer le week-end dans le ranch qu'il possédait au nord de Sacramento, sur la Route 66, entre autres raisons pour me présenter certaines de ses relations influentes. J'avais accepté avec plaisir. Un plaisir qui devait se révéler encore plus grand que je ne l'avais espéré !

C'est au cours de ce week-end que j'ai fait la connaissance de la femme qui est aujourd'hui ma compagne. Belle, brillante, délicate et sensuelle à damner le diable en personne, c'est elle que j'attendais depuis toujours. Je sais, cela peut sembler un peu ridicule. Mais c'est exactement ce que j'ai éprouvé, et que j'éprouve encore.

En me remettant les clés du 4×4 qu'il m'avait prêté pour aller chez David, Yungan Lama m'avait recommandé d'être en forme le lundi matin pour notre départ à Washington. Il avait pu dormir en paix. Le lundi matin, j'étais en superforme !

Cette fois, il n'y eut pas de limousines noires aux vitres teintées soulevant des nuages de poussière tourbillonnants. Ni d'hommes en Ray-Ban vêtus de costumes sombres et aux gestes d'automates pour venir nous chercher au ranch. Mais tout simplement Sri, qui nous conduisit à Sacramento Airport pour prendre un vol régulier.

Cette économie de moyens correspondait aux désirs de Yungan Lama, qui avait estimé qu'un peu de *sim-*

plicité et de *discrétion* auraient un excellent effet sur notre image. Aux yeux du président notamment.

À Washington Airport nous attendait quand même une voiture de la présidence. À la carrure et à la tenue impeccable du chauffeur, je reconnus en lui un ex-Marine reconverti dans les services de sécurité gouvernementaux. Après nous avoir salués avec déférence, il nous conduisit à la Maison Blanche sans plus prononcer un seul mot.

Sauf si on l'interroge, un Marine ne parle pas.

Un des nombreux secrétaires nous accueillit. Il nous conduisit dans un salon spacieux donnant sur le parc, en nous informant que le président, actuellement en réunion, aurait le plaisir de nous inviter à déjeuner vers 13 h 30 environ.

C'était joliment dit !

Comme Yungan Lama et moi connaissions nos dossiers sur le bout des doigts, nous n'avons pas jugé nécessaire de nous livrer à une dernière séance de révision parfaitement superflue. Au lieu de cela, nous avons parlé de mon week-end chez David Brucker.

Et, évidemment, de la rencontre que j'avais faite. Yungan Lama s'en montra ravi pour moi, en me précisant qu'un homme qui allait avoir les responsabilités qui seraient bientôt les miennes avait absolument besoin d'un *équilibre sentimental et affectif.*

À quoi il ajouta qu'il serait ravi de recevoir l'heureuse élue à l'ashram. Je l'assurai que je ne manquerais pas de transmettre son invitation à l'intéressée.

Le déjeuner et les deux heures que nous consacra le président furent exclusivement réservés au travail.

Ou pratiquement. Pour nous éviter de perdre du temps à table, on nous servit du rôti froid, de la salade de pommes de terre et des crèmes brûlées.

Pendant que nous expédiions ce repas frugal, le président, toujours bienveillant et chaleureux, prit de nos nouvelles. Yungan Lama lui répondit qu'elles étaient excellentes et, pour une raison qui m'échappa, parla de ma nouvelle conquête. Le président me félicita et me demanda le prénom de cette charmante personne. Je le remerciai et lui précisai qu'elle s'appelait Cindy.

Il était en grande forme, jovial et amical. Mais j'eus quand même le sentiment qu'il était préoccupé par quelque chose.

Alors que nous n'avions pas encore terminé de déjeuner, nous nous mîmes au travail. Yungan Lama commença par remettre son rapport au président en le commentant brièvement. Ils devaient avoir l'habitude de travailler ensemble, car le président lui demanda s'il avait prévu d'utiliser la procédure habituelle. Yungan Lama lui répondit par un hochement de tête affirmatif.

Puis vint mon tour. J'avais intitulé mon rapport *Forces et faiblesses des pays émergents : Les éléments d'une politique d'expansion*. J'en remis trois exemplaires au président. Il les plaça à sa droite sur la table et me bombarda de questions, dont certaines très « pointues ». Je fis en sorte de lui répondre de manière concise et précise, en évitant tout commentaire inutile. Quand sa curiosité fut satisfaite, il me remercia d'un :

– Excellent boulot, John ! Je *sens* que nous allons faire de grandes choses ensemble, et, s'adressant à Yungan Lama, pendant que je buvais du petit-lait :

© Groupe Eyrolles

– N'est-ce pas, cher ami ?

– J'en suis persuadé, Monsieur le président. Ne vous avais-je pas dit que ce garçon était particulièrement brillant ?

– Une fois de plus, vous aviez raison ! approuva le président.

Sans piper un mot, je bus une autre longue rasade de petit-lait.

Un serveur venait d'entrer, portant un plateau en argent chargé de trois cafés.

Une fois les cafés servis, le président poursuivit :

– Compte tenu du contexte économique peu favorable, et même carrément défavorable, les six prochains mois s'annoncent probablement comme les plus rudes que j'aurai à traverser pendant mon mandat. J'ai à mener de vastes réformes, un plan de lutte contre le réchauffement climatique, et la gestion de la crise qui est encore omniprésente. Dans un contexte où plusieurs États américains sont en faillite, notamment la Californie, si j'échoue sur un seul de ces trois aspects, c'est le mandat tout entier de ma présidence qui se trouvera en péril. J'ai donc décidé de muscler mon staff, puis, s'adressant directement à Yungan Lama :

– Cher ami, je connais la finesse et la justesse de vos analyses et de vos « prescriptions », tant économiques que politiques. Depuis vingt ans, vous avez vu juste là où mes prédécesseurs ne vous ont ni écouté, ni suivi. Vous aviez prévu il y a six ans déjà une vaste remontée du chômage et le krach de l'immobilier. Nous y sommes !

Yungan Lama fit alors une remarque que je trouvai des plus pertinentes :

– Et maintenant, je crains qu'anciens chômeurs, nouveaux chômeurs et futurs chômeurs ne conspirent inconsciemment pour tuer le consommateur qui les a possédés au cours des dernières décennies. Nul doute que cette situation constitue un scénario de film d'horreur économique à l'échelle mondiale.

Le président ne fit aucun commentaire et dit :

– Je tiens à rester président et je vous souhaite à mes côtés.

Yungan Lama l'assura que son soutien lui était acquis d'avance.

– J'ai également pensé m'adjoindre les services d'un brillant jeune homme plein d'idées comme vous, John. Accepteriez-vous d'être l'un des consultants privés de mon secrétaire au Trésor ? me demanda le président.

Me fixant droit dans les yeux, Yungan Lama inclina discrètement la tête pour m'encourager à répondre oui. Ce que je fis, d'autant que je n'avais nullement l'intention de laisser passer une telle chance.

Notre entretien se prolongea encore une heure, portant cette fois sur des questions relatives à l'économie nationale, beaucoup moins enthousiasmante par les temps qui couraient.

Le président insista pour que nous rentrions à Sacramento dans un avion de la Maison Blanche. Et après nous avoir remerciés, s'excusa de devoir nous quitter. Il serra chaleureusement la main de Yungan Lama et, pour ma part, j'eus droit à une tape amicale sur l'épaule et à un :

– À bientôt, John ! Je compte sur vous pour avoir encore plein d'idées géniales ! puis il sortit de la salle à manger.

J'étais arrivé à Washington simple citoyen. J'en repartais conseiller privé du président. Le rêve américain avait beau avoir du plomb dans l'aile, il avait encore de beaux restes !

Dans la limousine noire aux vitres teintées qui nous ramena à l'aéroport – nous n'avions pas pu y échapper en définitive – Yungan Lama me souffla :

– N'oublions tout de même pas que nous sommes mortels, mon cher John !

Il me rappelait à point nommé que *l'humilité* et la *modestie* sont les vertus cardinales du grand trader en particulier, et de l'homme d'action en général...

Nous avions eu beau protester que nous pouvions très bien emprunter une ligne régulière, l'officier de la sécurité qui nous avait réceptionnés à l'aéroport s'était montré catégorique : c'était hors de question pour le conseiller du président que j'étais désormais. À ce rythme, je serais bientôt aussi protégé que Fort Knox[1] !

Les semaines qui suivirent notre retour à l'ashram furent encore plus occupées que celles qui avaient précédé notre séjour éclair à Washington.

Pour ma part, je continuais, en plus de mes nouvelles fonctions, à perfectionner inlassablement mon « process » de trading. À cette occasion, je m'engageai dans deux opérations réussies qui élevèrent mes gains

---

1. Fort où sont entreposées les réserves monétaires et d'or fédérales.

à 4 millions de dollars. Si bien que mon ami David Brucker, devenu entre-temps également mon banquier, me confia un jour que son rêve serait de n'avoir que des clients comme moi. Mais il était banquier !

Heureusement, je m'envolais tous les vendredis matins à destination de Los Angeles, pour rejoindre mon amour, avec qui je passais mes week-ends. Scénariste pour la Warner, elle possédait une maison sur Malibu, comme celle qui m'avait fait rêver la première fois que j'y étais venu avec Yungan Lama quelques mois auparavant.

Ces deux jours par semaine auprès de Cindy constituaient pour moi, non seulement une évasion complète, une déconnexion totale de toutes mes préoccupations. Mais également un bonheur d'une rare qualité. Une suite pratiquement ininterrompue de plaisirs simples, mais vrais.

Nous aimions tous les deux nous retrouver seuls loin de la foule et de l'agitation futile de L.A. Les promenades au bord de l'océan, avec le ressac pour seul fond sonore et, pour nous tenir compagnie, Issiaka, son chien-lion d'Afrique du Sud.

Et le soir, en un mot, nous nous aimions.

À l'époque, je reprenais encore l'avion tous les lundis matins pour retourner à l'ashram. Ce n'était pas une obligation que m'avait imposée Yungan Lama, mais j'estimais avoir encore beaucoup à apprendre de lui. Il était et demeure en effet le meilleur conseiller que j'aie connu, et Dieu sait si j'en ai côtoyé de toutes sortes et de tous genres !

Je mentirais si je disais que je repartais de Malibu avec autant de plaisir que j'y arrivais le vendredi.

Mais j'étais quand même heureux à la perspective de retrouver mon « vieux maître », les longues conversations que nous avions sur des sujets toujours passionnants, et tous mes amis de la communauté. Notamment Sri, simple mais plein de bon sens, qualité de plus en plus rare de nos jours.

À l'approche des fêtes de fin d'année, au cours d'un week-end que je passais comme d'habitude à Malibu, Cindy me proposa de m'accompagner à l'ashram. Plongée dans l'écriture d'un thriller politique dont la Warner avait accepté le scénario, elle était entièrement libre de ses mouvements :

– J'écrirai aussi bien à Sacramento qu'à Malibu, me dit-elle.

Rien ne pouvait évidemment me faire plus plaisir. J'appelai Yungan Lama pour l'informer du souhait de ma compagne. Il fut égal à lui-même, amical, bienveillant et enthousiaste à l'idée de connaître enfin Cindy.

C'est donc en amants comblés que nous avons pris la direction de L.A. Airport le lundi matin. Sans nous douter que commençait pour nous une période de changements totalement imprévus.

À l'ashram, Yungan Lama réserva à Cindy un accueil que je qualifierai de paternel. Et comme un père, justement, il me félicita de mon choix et de mon bon goût. Il nous avait fait préparer une chambre spacieuse et confortable avec une vue imprenable sur les montagnes enneigées. Et il avait poussé le souci du détail jusqu'à faire aménager, pour Cindy, un bureau où elle serait tout à fait à l'aise pour écrire.

Le soir même, il organisa une sorte de dîner de gala. Le chef cuisinier avait mis les petits plats dans les grands et s'était surpassé. Et, rare exception à la règle, du champagne français fut servi en apéritif. En un mot comme en cent, Cindy était manifestement la bienvenue.

D'ailleurs, elle trouva très vite ses nouveaux repères. Se levant très tôt comme moi, elle écrivait jusqu'à 13 heures. Et, après le déjeuner, elle rejoignait Sri qui, veillant sur elle comme une nounou, l'initiait à l'équitation, quand il ne l'emmenait pas découvrir, en 4×4, la région, qu'elle ne connaissait pas. Ou à Sacramento faire du lèche-vitrines et des achats dans la foulée.

C'est ainsi qu'un soir nous avons eu la surprise de les voir rentrer tous les deux les bras chargés de cadeaux pour tous les membres de la communauté. Cindy désirant que nous fêtions Noël « en famille », elle demanda à Yungan Lama si elle pouvait installer un arbre de Noël dans la salle à manger commune. Il lui répondit qu'il en serait ravi et chargea Sri d'aller couper un grand sapin et de lui fabriquer un socle. En un temps record, Cindy s'était complètement intégrée à notre équipe.

Pour ma part, j'avais repris mon travail intensif en compagnie de Yungan Lama. Et nous avions de quoi faire, c'était le moins qu'on pouvait dire. Il nous fallut d'abord mener, pour la communauté et pour moi-même, plusieurs opérations de trading délicates sur le gaz naturel, qui était devenu très volatil.

Quelques jours avant Noël, le président nous convoqua, Yungan Lama et moi, à la Maison Blanche pour une réunion de travail imprévue et urgente. Je décidai que Cindy serait du voyage afin de la présenter au président, ainsi qu'il me l'avait gentiment proposé. De toute façon, il faudrait qu'elle passe, tôt ou tard, au « crible » du FBI[1]. Alors autant nous débarrasser de cette obligation une bonne fois pour toutes.

Le président se montra charmant avec Cindy, qu'il couvrit de compliments. Il manifesta le plus grand intérêt pour le film qu'elle était en train d'écrire et lui posa de nombreuses questions à ce sujet, surtout quand il eut appris qu'il s'agissait d'un thriller politique. Chassez le naturel...

Puis il la confia à un agent de sécurité féminin afin de lui faire visiter Washington, après un « petit entretien, une simple formalité » avec un responsable, « très aimable », du FBI.

Vint alors pour nous, les hommes, le moment des « choses sérieuses », partant du principe que, pour un politique, seule la politique est sérieuse. Il va sans dire !

Le président nous conduisit dans une salle de réunion en sous-sol, où il avait convoqué ses proches collaborateurs. Après de brèves présentations pour ceux qui ne se connaissaient pas encore, dont moi, il passa directement à l'ordre du jour. Manifestement, il désirait un briefing pointu mais rapide.

En quelques mots, il nous annonça qu'il avait décidé de modifier sa stratégie de gestion de la crise.

---

1. Compte tenu de la mentalité pudibonde américaine et du côté « fouineur » des médias, les collaborateurs du président et leurs proches doivent être irréprochables... dans toute la mesure du possible. C'est pourquoi le FBI, chargé de la sécurité intérieure, passe au crible leur passé, leur présent et leur avenir prévisible. Ce qui explique d'ailleurs les nombreux allers-retours que j'avais dû effectuer dans les bureaux de l'agence à Sacramento.

Il nous demanda donc de faire tourner nos cerveaux à plein régime afin de lui proposer nos idées « atypiques et géniales », rien de moins, susceptibles d'éviter la dislocation totale de l'économie. Comme aucun de nous ne lui posait de question, il nous souhaita de joyeuses fêtes, un *successfully brainstorming*[1] et déclara la réunion terminée.

À vue de nez, elle avait duré une demi-heure. Mais le message du *boss* en personne était passé 5 sur 5. Yungan Lama resta quant à lui avec le président.

Le lendemain matin, après le petit déjeuner, que nous prenions très tôt comme d'habitude, je m'apprêtai à me rendre dans la salle de trading pour suivre l'évolution des marchés. Mais Yungan Lama me dit que nous avions des décisions importantes à prendre et me pria de le suivre dans son bureau.

Il me demanda si j'accepterais de prendre en charge ses propres opérations de trading durant les trois prochaines semaines, période où il serait indisponible. Je lui répondis que ce serait évidemment avec plaisir et très volontiers. Mais que je n'étais vraiment pas sûr d'être capable de me montrer à la hauteur de la mission qu'il souhaitait me confier. Non par peur des responsabilités, mais en raison des doutes qui subsistaient dans mon esprit sur mes capacités de trader.

Il me rassura totalement sur ce point, ajoutant d'ailleurs que, selon lui, l'élève égalait désormais le maître.

C'était gentil et encourageant de sa part, mais je demeurais quand même sceptique. D'autant qu'enga-

---

1. Une « tempête sous un crâne » pleine de réussite.

ger mon propre argent était une chose ; travailler avec celui de la communauté en était une autre. Surtout en termes de pression morale.

Subtil et fin comme il l'était, il devina mes scrupules. C'est probablement ce qui le décida à me révéler sa méthode personnelle plus tôt qu'il ne l'aurait fait dans d'autres circonstances. Et au fur et à mesure qu'il m'en exposa tous les aspects et tous les détails, je m'aperçus que je l'appliquais déjà en grande partie. Qui plus est, de manière adaptée à ma propre personnalité.

Au cœur de la méthode, outre les éléments liés à la finance comportementale et à la gestion de soi, se trouvait un concept technique impressionnant d'efficacité. Qui complétait sa méthode et en faisait un outil constituant une assurance de réussite et de succès durables.

Ce concept portait un nom japonais : *Ichimoku Kinko Hyo. Ichimoku* signifie « d'un coup d'œil », *Kinko* « équilibre » et *Hyo* « courbe ». Le nom de cette approche pouvait donc se traduire en « équilibre d'une courbe en un coup d'œil ». L'on pouvait ainsi, en un seul coup d'œil, identifier les tendances en cours sur plusieurs horizons de temps.

J'en avais appris un rayon sur le sujet. Mais sur l'aspect technique, le plus important était de retenir que la plupart des indicateurs (Fibonacci, pivots, lignes de tendances, RSI, moyennes mobiles, vagues de Wolf, etc.) donnent des niveaux de prix plus ou moins figés. *Ichimoku Kinko Hyo* est différent. C'est un outil qui optimise constamment l'évolution des prix. Il fournit de manière dynamique les niveaux de supports et résistance, la direction de la tendance, la force des signaux. Les points d'entrée et de sortie deviennent dès lors plus clairs.

Je me souviens qu'avant de me révéler les secrets de la méthode, Yungan Lama m'avait fait promettre sur ce que j'avais de plus sacré que je ne la dévoilerais jamais. Je le lui avais juré. Avec la ferme intention de tenir mes engagements.

Cependant, une objection me vint à l'esprit quelques semaines plus tard. S'il arrivait quoi que ce fût à l'un d'entre nous, et à plus forte raison à nous deux, sa méthode risquait d'être à jamais perdue.

Cette perspective me troubla pendant plusieurs semaines. C'est pourquoi je finis par en parler à Yungan Lama. Il comprit parfaitement mon point de vue et nous discutâmes longuement de la meilleure attitude à adopter. Finalement, c'est lui qui trouva la solution.

Comme Cindy m'avait entre-temps passé le virus de l'écriture, j'avais déjà en tête le projet d'un livre. Yungan Lama me proposa donc de ne pas révéler expressément sa méthode. Ce qui me permettrait de tenir parole. Mais de rédiger le livre de sorte qu'elle apparût clairement aux lecteurs *attentifs*.

Prenant l'exemple d'un puzzle, il me conseilla de répartir les différentes pièces de sa méthode tout au long de l'ouvrage. Il ne resterait plus alors, aux *lecteurs réellement intéressés*, qu'à la *reconstituer* par eux-mêmes. C'est ce que je fis. Les lecteurs concernés pourront le vérifier sans difficulté. Ceux qui voudront aller plus loin et œuvrer pour en maîtriser, à leur tour, tous les rouages, sauront agir pour faire la différence entre l'amateur en herbe et le professionnel en puissance.

Deux ans ont passé depuis cet entretien décisif entre Yungan Lama et moi. Deux années riches et bien remplies. Le trader fou que j'étais au début – qui passait des journées entières et une partie de ses nuits devant ses écrans – n'existe plus. Il est mort. Définitivement enterré. Mais moi, je suis bien vivant. Plus vivant que jamais. L'enseignement de Yungan Lama ne m'a pas seulement convaincu, il m'a profondément transformé. Il m'a appris, chose essentielle parmi d'autres, que ce n'est pas en agissant sans arrêt qu'on réussit. Sur les marchés comme dans la vie en général. Le temps de l'action ne doit représenter qu'une partie du temps. Le reste doit être réservé à s'informer, observer, réfléchir, s'améliorer. Sans relâche. À méditer aussi. Car pour Yungan Lama, la méditation était essentielle. Mais pas n'importe quelle méditation. Une méditation qui prépare à l'action et non une méditation qui, comme c'est souvent le cas en Orient, conditionne aux seules fins d'une contemplation de plus en plus passive.

À présent, je ne fais plus que *quelques* trades par mois. Parfois aucun. Mais toujours je choisis avec une précision extrême. C'est un mode de trading qui me permet de mener l'existence que j'aime. Et de m'épanouir. Je reste ainsi toujours dans les limites de ma *sécurité émotionnelle* et de ma *tolérance aux risques.*

À quoi s'ajoute, détail d'importance, le fait que Cindy et moi possédons maintenant, grâce à cette philosophie de l'action et du trading, suffisamment d'argent pour vivre très confortablement jusqu'à la fin de nos jours.

Pour preuve, les 6 millions de dollars de gains que j'ai cumulés cette année ! C'est d'ailleurs cette année record que nous fêtons ce soir. N'y voyez pas une manifestation d'orgueil ou de vanité de ma part. Encore moins une sorte de triomphe du « fric avant tout ». Sinon, j'aurais loué le Madison Square Garden pour me faire valoir devant des représentants du monde politique, du show-biz et des médias. L'apothéose des nouveaux riches qui se croient obligés d'étaler, sans aucune pudeur, leur argent au regard de tous ! Ou j'aurais mis en place un environnement pour vivre comme un retraité opulent, qui passe son temps à perfectionner son swing au golf.

Mais tout cela n'est pas mon genre !

Pour moi, l'argent est un moyen. Non une finalité en soi. Un moyen qui me confère le privilège, car je suis conscient que c'en est un, de vivre comme j'ai envie de vivre, et de contribuer à remplir ma part du contrat en aidant une œuvre caritative que j'ai soigneusement choisie.

Du reste, en ce qui concerne plus particulièrement le trading, je sais maintenant par expérience que trader uniquement pour gagner de l'argent est une excellente façon d'en perdre beaucoup. Un grand trader opère sur les marchés comme un grand joueur d'échecs, par *passion intellectuelle,* pas dans le but de remplir ses poches.

Un gros compte en banque n'est que *le baromètre de son talent.*

Ne sont présents ce soir que les êtres qui me sont chers. Et d'abord Cindy, la plus chère à mon cœur. Yungan Lama est là également. Sans sa présence, une fête ne serait pas réellement un événement heureux pour moi. Il est mon maître, celui qui m'a tout appris et qui a changé ma vie. Et il est surtout mon ami.

Nous restons évidemment en contact étroit. Cindy et moi faisons régulièrement des séjours d'agrément – et parfois de travail ! – à l'ashram. Et lui est régulièrement notre invité à Malibu, souvent accompagné de Sri.

Ce soir, tous mes amis sont là. Bob Hunter, naturellement, le fidèle, celui de toujours. Sri, bien sûr. Mais aussi Lars O'Neil, *Éclair du matin*, David Brucker, Bob Clayton... enfin, tous ceux dont j'ai fait la connaissance grâce à Yungan Lama. Il y a aussi trois de mes anciens amis, Marco, Franck et Jimmy. Les seuls qui me sont restés fidèles malgré mon succès.

Yungan Lama qui, justement, vient de me souffler à l'oreille qu'il vient d'avoir une idée excitante dont il souhaite me parler. Selon son habitude, il n'en a pas dit davantage. Le connaissant mieux que bien, je ne lui ai rien demandé.

Ne m'a-t-il pas enseigné *la patience* ?

En attendant, je profite pleinement de la chaleureuse affection du cercle d'intimes que nous formons. De la nuit étoilée et de l'océan qui s'étend sous mes yeux.

Je ne serai plus jamais un *aveugle mental*. Je vivrai désormais intensément l'instant fugitif qui passe. Le bel aujourd'hui qui ne reviendra pas mais qui, sans cesse, se renouvelle pour qui sait « propulser » la vie hors des sphères des idées reçues. Hors des sphères des *moutons suiveurs,* qui s'écrasent trop souvent sur le mur des frustrations, laissant les autres, les événements et les médias orienter leur vie !

J'ai découvert que je possédais en moi des ressources infinies. Des capacités que j'ignorais. Et j'ai dépassé mes limites. Les efforts paient toujours. Souvent avec une belle prime en retour.

Le destin mêle les cartes. Mais c'est nous qui jouons.

Achevé d'écriture au bord du lac de Côme, le 29 avril 2011

Lexique des termes courants utilisés sur les marchés financiers

A

Analyse fondamentale : analyse d'un titre, d'un secteur industriel ou de l'ensemble du marché, qui repose sur l'étude du contexte économique. Pour une action, cela sera l'analyse des bénéfices, actifs, dividendes, projets en cours, etc. Pour une matière première, l'analyse portera plus vers l'offre et la demande actuelles et attendues dans le futur. Dans la plupart des cas, la situation économique locale ou globale a un impact sur le produit analysé.

Analyse technique : analyse d'un titre ou de l'ensemble du marché qui repose exclusivement sur l'analyse des données relatives à leur comportement antérieur, aux changements de prix, aux volumes de transactions, etc.

Appel de marge : si les variations de prix sont défavorables au trader, la chambre de compensation va puiser sur son compte. Chaque jour le courtier ajuste l'appel de marge en fonction des pertes et profits par rapport au jour précédent. Si le compte n'est pas suffisamment approvisionné dans le délai requis, la position du trader est liquidée.

Arbitrage : opération qui consiste à acheter et vendre simultanément une même ou équivalente marchandise ou un même instrument financier visant à tirer profit de décalages anormaux de cours (par exemple, vente de contrats Dax et achat de quantité équivalente de contrats Cac).

B

Bearish : terme utilisé pour décrire un sentiment de déclin du marché.

Bullish : terme utilisé pour décrire un sentiment de marché haussier.

C

Call : option d'achat. Voir *Option*.

Chambre de compensation : cet organisme associé à la Bourse réalise la balance des transactions entre les longs (acheteurs) et les courts (vendeurs). La chambre s'interpose entre les vendeurs et les acheteurs en prenant une position opposée à eux : elle est longue face aux courts et courte face aux longs. Comme le nombre de positions longues est égal aux courtes, la position nette de la chambre de compensation est toujours nulle. Après chaque séance, elle établit un cours de compensation (prix de clôture) qu'elle fixe en prenant la moyenne des derniers prix pratiqués. Ce cours servira de référence pour le calcul des sommes qu'elle puisera dans les comptes des perdants pour les verser ensuite sur les comptes des gagnants.

Chartiste : celui qui utilise les graphes, pour se faire une opinion sur les tendances de marchés.

Clôture : dernières minutes d'une séance de marché. Elles servent à fixer le prix de clôture d'un contrat à terme.

Contrats à terme : un contrat à terme est un accord passé entre l'acheteur ou le vendeur du contrat, d'un côté, et un marché à terme de l'autre, dans lequel l'acheteur ou le vendeur accepte de livrer ou de prendre livraison du montant spécifique d'un instrument ou d'une matière première à un prix spécifique et à un moment donné. Tous les contrats à terme sont des contrats négociés sur un marché à terme et ils sont standardisés en termes de date de livraison, du montant du « sous-jacent » afférent et des termes du contrat. On peut également acheter ou vendre librement des contrats à terme avant l'expiration du contrat. Quand un investisseur achète un contrat à terme, on dit qu'il a une position longue dans ce contrat à terme. Acheter un contrat à terme engage à acheter le sous-jacent à une date ultérieure.

Courbe des cours : représentation graphique des prix, utilisée par les « chartistes » pour prévoir les tendances de marchés. La courbe des cours représente uniquement les cours de clôture ou leur moyenne pour une période donnée. Plus la période étudiée est longue, plus les intervalles sont grands. Voir aussi *Histogramme*.

Cours de compensation : prix de clôture fixé par la chambre de compensation après une séance de marché.

Court : terme utilisé pour décrire la position d'un opérateur sur un marché. Un opérateur qui vend un contrat à terme est court. « Être court » correspond à un risque spéculatif de hausse de prix. Il est gagnant si le prix baisse mais il est perdant si le prix monte. La situation de l'opérateur long est symétrique.

Courtier ou *broker* : opérateur à la corbeille dont le travail consiste à passer des ordres d'achat ou de vente pour les *hedgers* ou les spéculateurs. Certains courtiers ne travaillent pas que pour une entreprise, d'autres travaillent pour plusieurs clients. Dans le premier cas, il s'agit souvent de firmes de négoce ou de banques, dans le second de firmes de courtage.

D

Day trader : spéculateur qui prend des positions et les liquide dans la même journée, restant sans risque spéculatif jusqu'à la prochaine séance de Bourse.

Day-to-day trader : spéculateur qui détient des positions sur plusieurs jours. Grâce à une assise financière solide, ce spéculateur est capable d'absorber les fluctuations défavorables à court terme (payer les appels de marge) et de tenir une position jusqu'au terme du contrat.

Demande : prix demandé par l'acheteur ou prix d'achat. Voir aussi *Offre*.

E

Effet de levier : la marge initiale que doit verser un spéculateur pour prendre position sur un contrat à terme ne représente que 5 à 10 % de la valeur du contrat, d'où l'effet de levier des transactions à terme. L'effet de levier donne d'ailleurs au marché une image de haut risque. En fait, les fluctuations de prix des contrats ne sont pas plus volatiles que celles d'autres marchés compétitifs. Mais avec un même capital, le système de marge permet de prendre une position quantitativement plus importante que sur un marché où il est nécessaire de financer l'intégralité de la valeur du produit. Une variation de prix de 1 % d'un contrat donnera un bénéfice ou une perte de 20 % pour une marge initiale de 5 % (effet de levier de

1/20), et respectivement un bénéfice ou une perte de 10 %
pour une marge initiale de 10 % (effet de levier de 1/10).

F

Forex ou FX (abréviation de *Foreign Exchange*) En
français : échange de devises étrangères, communément
appelé « marché des changes ». Ce marché n'est pas
organisé en Bourse et n'est pas réglementé. Les devises
s'échangent hors Bourse entre banques et courtiers
24 heures sur 24. Les transactions se font au comptant ou
sur le différé. Les devises principalement échangées sont
le dollar américain, l'euro, le franc suisse, le yen japonais
et la livre anglaise, toujours l'une par rapport à l'autre.

Les échanges internationaux et les risques de change
associés expliquent le dynamisme de ce marché. Tous les
jours, ce marché cote les principaux taux de change au
comptant et en différé de 30, 90, et 180 jours.

La relation entre taux de change au comptant et le taux
différé est souvent expliquée par la théorie des parités des
taux d'intérêts. Le taux de change à terme est lié aux taux
d'intérêts pratiqués dans les deux pays concernés.

Forward, *contrat* : contrat à terme de gré à gré passé
directement entre deux parties qui s'entendent d'acheter
ou de vendre hors Bourse un produit spécifié pour une
livraison différée. Il est différent d'un contrat à terme
qui se conclut par l'intermédiaire d'une chambre de
compensation. Les clauses d'un contrat *forward* sont fixées
entre l'acheteur et le vendeur alors que les Bourses
définissent les clauses des contrats à terme.

Finance comportementale : application de la
psychologie à l'économie, autrement dit, l'économie
comportementale (EC). Si bien que ces deux domaines
peuvent être regroupés. La finance comportementale
cherche à détecter les travers et anomalies de marché, et si

possible à les utiliser dans les stratégies d'investissement ou de trading.

Futures : voir *Contrats à terme.*

H

Haussier : terme utilisé pour décrire un sentiment de hausse du marché.

Hedge : action qui consiste à prendre une position inverse à celle déjà engagée pour diminuer le risque et se couvrir en totalité.

Histogramme : représentation graphique des prix, du volume et de la taille du marché utilisée par les « chartistes » pour prévoir les tendances de marchés. L'histogramme indique les cours extrêmes atteints dans une période donnée, ainsi que le cours de clôture. En comparaison de la courbe des cours, l'histogramme contient davantage d'informations. Il indique si une certaine cote a été atteinte dans un espace de temps donné, ainsi que le degré de volatilité des cours. Un histogramme quotidien reproduit le cours le plus haut et le plus bas ainsi que le prix de clôture d'une journée.

Hors Bourse (*over the counter*) : les transactions sur le marché interbancaire des devises (Forex) n'ont lieu dans aucune Bourse mais chez toute banque ou chez tout courtier qui négocie des devises pour son propre compte. Les transactions ont lieu alors hors Bourse et la banque ou le courtier agit en tant que teneur de marché puisqu'il fait le marché.

Si les contrats à terme s'échangent en principe sur un marché à terme organisé par une Bourse, ceux-ci peuvent aussi bien se négocier en dehors du cadre d'une Bourse chez un teneur de marché (sauf aux États-Unis où cette pratique est interdite si le produit est coté en Bourse). Les contrats hors Bourse ne bénéficient pas de la même protection. Voir *Teneur de marché*.

L

Limite maximale : voir *Variation limite*.

Long : terme utilisé pour décrire la position d'un opérateur sur un marché. Un opérateur qui achète un contrat à terme est long. Être long correspond à un risque spéculatif de baisse de prix. Il est gagnant si le prix monte mais il est perdant si le prix baisse. La situation de l'opérateur court est symétrique.

M

Marché au comptant ou Marché physique : sur ce marché, appelé aussi marché *cash* ou marché *spot*, l'objet de la transaction est échangé physiquement contre de la monnaie, moyen de paiement dont le volume représente la valeur d'utilisation du produit. Le prix est défini à l'issue de la négociation entre l'acheteur et le vendeur. Ceux-ci s'échangent le titre de propriété contre la somme convenue. Le produit est en général disponible sur la place de marché mais parfois, pour plus de commodité, l'estimation se fait à l'aide d'un échantillon représentatif ou d'un descriptif détaillé de ses caractéristiques.

Marché à livraison différée ou *cash forward market* (angl.) : l'imbrication des activités économiques nécessite la prise en compte du temps des échanges. Il apparaît tout d'abord utile aux opérateurs de négocier les termes de l'échange avant de le réaliser. En effet, en dehors du prix, les contrats doivent préciser les nombreux éléments techniques comme les moyens de transport, la qualité requise, les modalités de paiement et surtout les procédures à suivre en cas de litige. Par ailleurs, et pour des raisons de risque, certains producteurs ne se décident à lancer des fabrications qu'avec l'assurance de débouchés précis. Les contrats à livraison différée répondent à ces attentes. Ils constituent un moyen de coordination des opérateurs en séparant dans le temps la négociation commerciale de la livraison physique du produit. La construction d'une maison et le marché interbancaire des devises sont des exemples de marchés à livraison différée.

Marché à terme ou *futures market* : évolution du marché au comptant et à livraison différée qui consiste à multiplier les opérateurs en standardisant les contrats et en définissant des règles simplifiées d'échange. Tout le monde est capable de prendre une position sur le marché, acheteur ou vendeur. La négociation porte sur des échanges futurs de produit dont le prix fluctue dans le temps. Certains gagnent de l'argent tandis que d'autres perdent. Les spéculateurs et investisseurs, petits ou importants, ainsi que les professionnels du produit sont intéressés par ce type de marché, bien organisé.

Marché des changes : voir *Forex*.

Marge initiale ou Marge de garantie : pour chaque contrat engagé, l'opérateur, vendeur ou acheteur, doit déposer une « marge initiale » sur son compte. Son montant est variable suivant les Bourses mais il reste voisin de 10 % de la valeur du contrat. Cet argent est bloqué sur le compte mais, dans certaines circonstances, il peut être placé dans des titres financiers à court terme.

Marge minimale : après avoir déposé la « marge initiale », l'opérateur est tenu de conserver une somme minimale sur son compte, appelée « marge minimale ». Cette marge correspond à peu près aux trois quarts de la marge initiale. Si les variations de prix sont défavorables, la chambre de compensation va puiser la somme perdue sur le compte de l'opérateur. Le niveau du compte diminue alors et peut passer en dessous de la valeur de la marge minimale. Dans ce cas, le perdant reçoit un « appel de marge ».

Mois de contrat ou Mois de livraison : les contrats à terme sont livrables selon des échéances définies par la Bourse où ils s'échangent. Certains contrats sont cotés pour chaque mois de l'année et sur 30 ans comme le pétrole brut traité à la Bourse de New York, soit 360 mois de cotation, d'autres sont cotés seulement quatre mois par année comme les bons du Trésor américain traités à Chicago.

Momentum : comme le RSI, le momentum mesure l'évolution des cours pendant une période donnée. À la différence du RSI – rapport entre les hausses des cours et l'ensemble des fluctuations –, le momentum permet d'analyser uniquement les variations du cours entre le début et la fin de la période étudiée.

Plus la période étudiée est grande, plus les fluctuations quotidiennes ont tendance à disparaître. Lorsque le momentum se situe au-dessus de zéro ou que sa courbe est ascendante, il indique une tendance à la hausse.

Un signal d'achat est donné aussitôt que le momentum dépasse zéro, et lorsqu'il descend au-dessous, il déclenche un signal de vente.

Moyenne mobile : analyse technique sur graphique basée sur la moyenne des prix de clôture d'un marché. Par exemple, une moyenne mobile de dix jours est représentée par une courbe des cours dessinée chaque jour d'activité de marché par le calcul de la moyenne des prix des dix derniers jours. Plus la période étudiée est longue, plus l'amplitude de la courbe de la moyenne mobile est faible. Des règles simples permettent de reconnaître les tendances et les revirements de tendances. Par exemple, si une moyenne mobile courte se situe au-dessus d'une moyenne mobile plus longue, la tendance à la hausse est confirmée. Par contre, si elle coupe la moyenne mobile longue par le haut, elle indique un revirement de tendance, donnant ainsi un signal de vente.

La fiabilité des moyennes mobiles dépend fortement des périodes choisies. Selon les conditions du marché, ce sont les périodes plus courtes ou les périodes plus longues qui présentent les meilleurs résultats. Lorsqu'une combinaison idéale des moyennes mobiles est retenue, les résultats sont comparativement bons. L'inconvénient est que les signaux d'achat et de vente sont indiqués relativement tard, soit nettement après que les cours maximums et minimums ont été atteints.

O

Offre : prix offert par le vendeur ou prix de vente. Voir aussi *Demande*.

Opérateur : la diversité des participants est l'un des facteurs de compétitivité du marché à terme. Il est d'usage de différencier les opérateurs à terme qui ont une position sur le marché physique, appelés professionnels (ou *hedgers*), de ceux qui n'y ont pas d'intérêt, les spéculateurs. Il n'existe pas de séparation théorique claire entre les deux groupes, mais cette dichotomie a une importance dans la mesure où elle induit souvent des règlements particuliers pour chaque groupe. L'activité des spéculateurs subit plus de contraintes que celle des *hedgers*. Quelle que soit leur motivation, il importe de distinguer les opérateurs à la corbeille, autorisés à réaliser directement des transactions, des opérateurs extérieurs.

1. Les opérateurs à la corbeille : les négociateurs présents à la corbeille travaillent soit pour leur propre compte, ce sont des spéculateurs professionnels, soit pour le compte d'opérateurs extérieurs, ce sont des courtiers.

2. Les opérateurs extérieurs : ces opérateurs participent au marché par l'intermédiaire des courtiers, membres de la Bourse. Ils sont à l'origine de la majorité des ordres d'achat et de vente. Ce sont les petits spéculateurs et les *hedgers*.

Option (*put* ou *call*) : une option est un droit et non une obligation de réaliser une transaction sur un produit à un prix donné, appelé prix d'exercice, et sur une période donnée. La valeur d'une option vendue par un opérateur et achetée par un autre, c'est son prix appelé encore « prime ». Le montant de la prime est déterminé par la confrontation de l'offre et de la demande sur un marché organisé. Il existe deux types d'option, l'option d'achat (dite *call*) et l'option de vente (dite *put*). Au total, il y a donc quatre positions possibles : « long » et « court » sur l'option d'achat, « long » et « court » sur l'option de vente.

À la création du contrat d'option, l'acheteur paie la prime au vendeur. Le premier a alors l'opportunité «d'exercer» son option à tout instant, c'est-à-dire de demander au vendeur de lui fournir la marchandise si c'est une option d'achat, ou de lui prendre la marchandise si c'est une option de vente. En règle générale, les options sont rarement exercées ; elles sont plutôt revendues sur le marché où elles ont plus de valeur. Les produits qui servent de support aux options peuvent être des actions mobilières, des produits physiques (métaux, produits agricoles, énergie), des devises (dollar, euro, yen), des instruments financiers ou encore des contrats à terme sur ces mêmes produits.

Ordre Prix de marché : ordre qui demande au courtier d'acheter ou de vendre immédiatement au meilleur cours possible. On l'appelle aussi ordre « au mieux » ou ordre « au marché ».

Ordre Prix limite : ordre qui émane d'un opérateur moins pressé qui fixe le niveau de prix auquel l'achat ou la vente doit être réalisé. Si l'activité de marché va à l'encontre de la valeur limite, le courtier ne pourra pas l'exécuter. Ce type d'ordre est utilisé pour initialiser une position à un prix jugé favorable.

Ordre de limitation de perte ou Ordre d'arrêt ou Ordre stop : il devient un ordre d'achat au prix de marché si les cours montent jusqu'à une limite fixée, et un ordre de vente si les cours descendent à une seconde limite. Ce type d'ordre est utilisé pour sortir d'une position en limitant les pertes ou pour prendre un bénéfice sur une position ouverte.

Ordre d'écart : il se place non plus sur un niveau de prix mais sur une différence. Le spéculateur place un ordre d'achat d'écart s'il pense que la différence de prix entre deux échéances est trop grande et qu'elle va diminuer. À l'inverse, il place un ordre de vente d'écart lorsqu'il juge la différence trop petite en espérant son augmentation.

Oscillateur : analyse technique sur graphique basée sur les moyennes mobiles. Comme nous l'avons mentionné dans notre définition de la moyenne mobile, les points d'intersection des moyennes mobiles donnent des signaux relativement fiables, mais tardifs. Par contre, les variations de l'écart entre les moyennes mobiles se manifestent beaucoup plus tôt. L'oscillateur mesure l'écart entre deux moyennes mobiles.

Ouverture : le début d'une séance de marché.

P

Pip : variation minimale de prix en hausse ou en baisse pour une devise sur le marché du forex. On l'appelle aussi « point ». Par exemple quand le dollar passe de 1,3910 à 1,39 contre l'euro, il perd 10 pips.

Position (à terme) : ensemble de contrats à terme détenus par un opérateur sur un marché. Une position est dite « longue » quand l'opérateur a acheté des contrats et qu'il supporte en conséquence un risque spéculatif à la baisse. Une position est dite « courte » quand l'opérateur a vendu des contrats et qu'il supporte en conséquence un risque spéculatif à la hausse. L'ensemble des positions ouvertes de tous les participants au marché détermine la taille du marché.

Positions limites : les Bourses imposent des positions limites de transaction. Ces règles ne s'appliquent qu'aux opérateurs administrativement rangés dans la catégorie des spéculateurs. Il s'agit de limiter le nombre de contrats détenus par un même opérateur pour éviter que celui-ci ne prenne une position dominante et ne puisse manipuler les prix. Les opérateurs qui détiennent une large position d'acheteur ou de vendeur doivent de plus en faire la déclaration auprès de la Bourse.

Prix de clôture : prix du produit à la fin de la séance de Bourse.

Put : option de vente. Voir *Option*.

R

Relative Strength Index ou RSI : le *Relative Strengh Index* indique si un marché est suracheté ou survendu.

« Suracheté » signale une tendance du marché à la hausse, du fait que les opérateurs achètent un produit dans la perspective d'autres gains de cours. Tôt ou tard interviendra une saturation parce que les opérateurs ont déjà créé des positions longues, qu'ils font preuve de retenue dans leurs achats complémentaires et tendent à réaliser un gain. Les gains réalisés peuvent très rapidement amener un revirement de tendance ou du moins une consolidation.

« Survendu » indique que le marché présente les conditions d'une tendance à la baisse, du fait que les opérateurs vendent un produit dans l'attente d'autres replis des cours. Avec le temps interviendra une saturation parce que les opérateurs ont créé des positions courtes, restreignent leurs ventes et tentent de compenser les positions courtes par des gains. Cela peut amener rapidement un revirement de tendance.

On ne peut déterminer directement si le marché est suracheté ou survendu. Cela supposerait que l'on ait connaissance des positions de tous les opérateurs. Par contre, l'expérience montre que seuls des achats spéculatifs, qui amènent une situation surachetée, rendent possible une hausse très rapide des cours.

Le RSI est une indication numérique des fluctuations de cours pendant une période donnée ; il est exprimé en pour-cent. Un RSI de 30 % à 70 % est considéré comme neutre. Inférieur à 25 %, il indique un marché survendu. Supérieur à 75 %, il indique un marché suracheté. Le RSI ne devrait jamais être considéré isolément. En outre, son interprétation dépend largement de la période étudiée. Voir aussi l'analyse *momentum*.

Roll over : renouvellement d'une position ouverte. Il est effectué avant la livraison par la fermeture de la position en cours et la réouverture instantanée de celle-ci pour une autre échéance de livraison.

S

Salle des marchés : lieu d'une Bourse où sont réunies une ou plusieurs corbeilles. Chez un courtier ou une banque, la salle des marchés peut être aussi la pièce où les ordres de la clientèle sont traités (réception, exécution, confirmation).

Scalper : les *scalpers* ne conservent une position d'achat ou de vente que quelques minutes, voire quelques secondes. Ils sont toujours prêts à acheter un échelon de cotation en dessous du prix de marché ou bien à vendre un échelon au-dessus. Ils essaient de dénouer rapidement leur position au prix de marché, bénéficiant ainsi d'une très faible différence de prix. Les gains ne sont pas automatiques et le scalper doit savoir éviter d'être pris dans un mouvement contraire à sa position.

Séance de Bourse ou Séance de marché : période d'activité pendant laquelle un marché à terme est ouvert aux transactions (souvent une séance de journée).

Spéculateur/*Hedger* : le spéculateur, comme le *hedger*, est un individu qui gère son portefeuille d'actifs. Il est souvent considéré comme un opérateur qui cherche le rendement et le risque. Il se peut que, dans le cas général, cette hypothèse soit exacte, mais il est également certain que des spéculateurs prennent des positions à terme afin de réduire leur risque total de portefeuille. La motivation du spéculateur est multiforme.

Tout d'abord, une spéculation menée avec succès permet de multiplier un capital modeste. Cet espoir draine un grand nombre d'individus vers les marchés à terme. Le contrat à terme attire le spéculateur par son effet de levier. L'espérance d'un rendement élevé est un premier point tandis que le second est relatif à l'attraction de jeu. Les opérateurs spéculent sur les marchés à terme comme d'autres parient sur des chevaux ou jouent à la loterie. Le jeu est l'élément fondamental du comportement humain et le marché est un moyen de satisfaction très attractif. Les règles sont simples, l'accès est facilité par les firmes de courtage, ouverture de compte, exécution rapide d'un ordre d'achat ou de vente. L'information est publique et les produits négociés sont concrets. Finalement, le contrat à terme (ou l'option) représente un moyen de spéculation privilégié pour les individus. On distingue deux sortes de spéculateurs en Bourse :

1. Spéculateurs professionnels : ils prennent des positions uniquement pour leur compte. En tant que membre de la Bourse, ils paient des droits de transaction plus faibles que ceux payés par les opérateurs extérieurs. On a l'habitude de classer ces spéculateurs en trois groupes d'après la durée de détention des contrats. Ils sont appelés aussi *scalpers, day trader* et *day-to-day trader*. Ils apportent une grande liquidité au marché et participent

activement à la formation des prix en traitant rapidement et judicieusement toute l'information disponible.

2. Les petits spéculateurs : ces opérateurs participent au marché par l'intermédiaire des courtiers, membres de la Bourse. Ils sont à l'origine de la majorité des ordres d'achat et de vente. La diversité de leurs origines sociales est grande comme leur dispersion géographique. Ils interviennent sur le marché par l'intermédiaire de firmes de courtage. Celles-ci jouent un rôle important tant dans la recherche de nouveaux spéculateurs que dans la diffusion d'informations et même parfois dans les prises de décision des individus. Certaines grandes firmes disposent de moyens de prévision sophistiqués et conseillent de larges groupes de spéculateurs.

Spéculation :

1. Son principe. La spéculation à la hausse consiste à acheter un bien dont la valeur doit s'apprécier dans le temps. L'opérateur espère réaliser un profit en revendant le bien à un prix supérieur au prix d'achat. La spéculation à la baisse consiste, à l'inverse, à vendre le bien s'il doit se déprécier. L'opérateur espère alors réaliser un profit en rachetant le bien à un prix inférieur à son prix de vente.

Un profit spéculatif peut donc être réalisé lorsque les prix sont en hausse ou en baisse à condition de bien anticiper la fluctuation de prix et prendre la bonne position, acheteur ou vendeur. Prendre une position longue, c'est-à-dire acheter un contrat, n'implique que le dépôt de la marge de garantie. En général, le spéculateur revendra son contrat avant qu'il n'arrive à maturité en réalisant un profit positif ou négatif indépendant des coûts de stockage physique de produit. En ce qui concerne les frais de courtage, le volume important des transactions permet de les minimiser et de les garder à un faible niveau. Les contrats à terme constituent ainsi d'excellents outils spéculatifs. Comme l'ont montré une série d'études aux États-Unis, il y a globalement autant de spéculateurs gagnants que de perdants. Après la prise en compte des frais de courtage, le nombre de spéculateurs perdants devient supérieur à celui des gagnants. Cette perte d'argent systématique des spéculateurs implique une rotation continuelle d'opérateurs qui sortent du marché après une perte financière et d'opérateurs qui entrent avec l'espoir de réaliser des gains.

2. La prévision des prix. Le profit réalisé sur une opération spéculative est directement lié à la qualité de la prévision sur l'évolution des prix. Deux types d'analyse sont fréquemment utilisés par les opérateurs pour prévoir la fluctuation des prix. L'approche « fondamentale » est basée sur l'hypothèse suivant laquelle les prix peuvent être prédits à partir d'une analyse de la demande et de l'offre futures du produit considéré. L'approche « technique » fournit des prévisions à partir de l'analyse du comportement présent et passé des prix. Cette seconde approche, empirique, utilise parfois des méthodes de traitement de données, mais aussi, et plus simplement des graphes (*charts* en anglais). Elle est donc souvent appelée analyse chartiste.

Stochastique : le stochastique (« le » et non « la » car il s'agit d'*un* indicateur) est aussi un indicateur borné entre 0 et 100. Comme le RSI, il détermine les périodes de *surachat* ou de *survente* du titre. Cet indicateur avec les moyennes mobiles est très utilisé dans les salles de marché. Il a été inventé par George Lane.

T

Taille du marché ou Open interest : nombre de contrats détenus par les opérateurs, c'est-à-dire leurs engagements à vendre ou à acheter.

Teneur de marché ou Market maker : le teneur de marché est un négociant qui achète et vend hors Bourse des devises ou des valeurs mobilières, c'est-à-dire qu'il ne passe pas par une Bourse pour exécuter les ordres de la clientèle. Il offre un prix de vente et un prix d'achat à l'opérateur qui souhaite acheter ou vendre une devise ou une valeur mobilière, et prend en contrepartie dans ses livres la position longue ou courte de cet opérateur sans passer par le marché au préalable. En conséquence, le teneur de marché prend une position opposée à celle de l'opérateur : elle est longue face aux courts et courte face aux longs. Si l'opérateur gagne de l'argent, il perd d'autant. Comme il a en face de lui des opérateurs longs et des opérateurs courts, il ne s'expose qu'au risque que représente la balance des positions longues et courtes.

En prenant en contrepartie les ordres d'achat ou de vente de ses clients, le teneur de marché effectue des transactions hors Bourse. Dans ce cas, aucune chambre de compensation ne vient garantir la bonne fin des opérations puisqu'elle n'intervient que dans le cadre de transactions effectuées en Bourse par l'intermédiaire de courtiers agréés. Cependant, le teneur de marché utilise souvent des courtiers en Bourse pour couvrir son risque en mettant sur le marché tout ou partie de la balance des positions longues et courtes prises en contrepartie.

Tick : variation minimale de prix autorisée en hausse ou en baisse pour un contrat sur le marché à terme.

Trader : négociateur boursier qui travaille soit pour son propre compte en tant que spéculateur professionnel, soit pour le compte d'opérateurs extérieurs comme les courtiers et les *hedgers*.

V

Valeur mobilière : tout titre négociable comme les rentes, les actions, les obligations, les contrats à terme qui sont en droit des biens meubles (que l'on peut déplacer).

Variation limite ou Variation maximale de prix : les

Bourses établissent les variations maximales journalières de fluctuation, en plus ou en moins du cours de compensation de la veille. Cette règle évite au marché des variations brutales éventuelles dues à l'affolement des opérateurs. Les limites maximales peuvent être atteintes pour des raisons économiques pendant plusieurs jours.

Variation minimale de prix : le plus petit écart de prix autorisé en hausse ou en baisse pour un contrat que l'on appelle aussi Tick (marchés à terme) ou Pip (forex).

Volume du marché : nombre de contrats échangés durant une période d'activité du marché (souvent une séance de journée).

© Groupe Eyrolles

www.ingramcontent.com/pod-product-compliance
Lightning Source LLC
Chambersburg PA
CBHW060329200326
41519CB00011BA/1878